Zacharias Tanee Fomum

I0005833

FAIRE
DES
DISCIPLES

Éditions du Livre Chrétien
4, rue du Révérend Père Cloarec
92 400 Courbevoie - FRANCE
editionlivrechretien@gmail.com

Cet ouvrage est la traduction française du livre :
The Making of Disciples

Ce Livre a Déjà été Produit en 12 000 Exemplaires.
Quatrième Édition, 2005, 2 000 Exemplaires.

Édité par :

Éditions du livre chrétien

4, rue du Révérend Père Cloarec

92 400 Courbevoie - FRANCE

Tél. : (33) 9 52 29 27 72

E-Mail : editionlivrechretien@gmail.com

Couverture :

Jacques Maré

Je dédie affectueusement ce livre à
Esther Kouonang
Paul Foka
Jean Ngankwe
et
Ignatius Achirimbi

Avec beaucoup d'amour et de gratitude.

TABLE DES MATIÈRES

PRÉFACE

En 1973, pendant que j'enseignais à l'Université de Makerere, à Kampala en Ouganda, l'attention de ma femme Prisca fut attirée un jour à 10 heures par le cri d'un bébé dans un caniveau non loin de notre maison située à cent mètres environ d'une des cités des étudiantes. Le bébé était probablement né d'une étudiante qui ne voulait pas de lui et qui l'avait donc jeté. Ma chère épouse le prit, le nettoya, lui donna le nom de Lydie et l'amena d'urgence à l'orphelinat « Sanyu ». Quelques jours après, nous allâmes nous enquérir de son état, et nous fûmes profondément navrés d'apprendre qu'elle était morte. Ces premières heures de sa vie passées dans le caniveau, et le manque de soins, lui avaient causé des infections qui s'étaient avérées fatales. Je n'ai pas pu oublier cet incident. Pendant des réunions d'évangélisation, et à travers le témoignage personnel, j'ai vu plusieurs personnes prendre des décisions. La vérité est que très peu de ces gens ont continué sur le chemin chrétien. De ceux qui ont continué, seul un petit nombre a rapidement atteint la maturité pour commencer à rendre ministère au Seigneur et aux autres. J'ai cependant réalisé que ceux qui passaient le plus de temps avec moi semblaient faire plus de progrès parce qu'ils recevaient continuellement ministère.

J'ai connu un missionnaire. C'était un homme de Dieu cher

et plein de zèle. Il prêcha partout pendant neuf ans environ dans une certaine dénomination. Quand il fut forcé par les circonstances à retourner dans son pays, il ne laissa aucune équipe derrière lui pour continuer son œuvre. L'équipe d'évangélisation qu'il avait commencée « mourut » après son départ. Avait-il eu du succès ?

Je connais un autre missionnaire qui était aussi enthousiaste à gagner les âmes. Il commença un Centre d'Évangélisation. Le Seigneur commença à le bénir. J'ai même une fois prêché dans ce centre. Cette nuit-là, il s'y trouvait au moins 300 personnes. Quarante-six d'entre elles s'avancèrent pour s'engager à Christ. Ensuite, ce missionnaire s'en alla. Six mois après son départ, l'assistance baissa jusqu'à 50 personnes et, au bout d'un an, ce centre fut fermé. Pendant cinq ans, il n'a plus été ouvert. A-t-il eu du succès ?

J'étais l'évangéliste lors d'une campagne d'évangélisation de notre centre. Le Seigneur agit ce soir-là. Environ 80 personnes s'avancèrent pour recevoir le Seigneur. Je demandai aux conseillers de s'avancer pour conseiller ces gens, les aidant ainsi à entrer dans le Royaume de Dieu. Vingt conseillers s'avancèrent rapidement, ensuite dix autres vinrent avec hésitation ; ensuite je restai sur l'estrade avec environ 50 personnes n'ayant pas de conseillers. Il y avait au moins 1 000 croyants dans l'assemblée et au moins 800 d'entre eux étaient présents ce soir-là. Les 80 diacres et diaconesses de l'assemblée avaient chacun conseillé un certain nombre de personnes les quatre semaines précédentes, et ils étaient débordés de jeunes convertis. Ils ne se sentaient plus capables de conseiller davantage, puisque cela signifierait qu'ils ne pourraient pas accorder des soins individuels à tous. Pourquoi aucun des 720 autres croyants qui étaient présents ne s'était-il pas avancé ? Quand finalement je parlai sévèrement, certains de ces diacres et diaconesses s'avancèrent sans enthousiasme. C'était une mauvaise soirée, bien que Dieu eût agi. Avais-je réussi à bâtir l'assemblée ? Dieu m'avait utilisé pour la faire démarrer, mais qu'avais-je fait ? Je l'avais remplie de bébés. Plusieurs avaient leur tête pleine d'un bon enseignement, mais j'avais manqué de leur enseigner à faire des disciples. Plusieurs, il est vrai, étaient mûrs et d'autres étaient en voie de maturité dans la voie chrétienne. Cependant, j'avais manqué de leur enseigner, non seulement à être disciples, mais aussi à faire des disciples. Le Seigneur m'avait ordonné de faire des disciples, qui feraient aussi des disciples. Je devais enseigner aux disciples à mûrir et à faire d'autres disciples. Il me fallait encourager les faiseurs de disciples à devenir ceux qui formaient les faiseurs de disciples. J'ai été infidèle dans la formation des faiseurs de disciples. J'ai déçu le Seigneur.

Ce livre est une tentative de pourvoir au besoin de l'appel du Seigneur à faire des disciples qui feront des disciples, qui feront des disciples, qui feront des disciples, etc.

Certains d'entre nous sommes en train d'essayer de mettre en pratique, depuis deux ans, ce qui est écrit ici. Le livre est écrit en tenant compte de certains des problèmes que nous avons rencontrés, et nous avons essayé d'y incorporer ce que nous pensons être les réponses à ces problèmes. Nous sommes encore en train de réfléchir sur certains des problèmes. Nous accueillerons volontiers des critiques et des suggestions.

La tâche de faire des disciples qui, à leur tour feront des disciples, et ainsi de suite, sont loin d'être facile. Cependant, les difficultés et les problèmes rencontrés ne sont pas une raison pour que quelqu'un se dérobe à la tâche. Ce serait fuir un commandement du Seigneur.

Nous pensons qu'au lieu de fuir la tâche, il nous faut plutôt nous y engager, y travailler, faire des erreurs, apprendre de ces erreurs et continuer. Nous croyons que si le Seigneur a demandé qu'on fasse des disciples qui feront d'autres disciples, alors la situation générale qui existe dans les églises aujourd'hui est anormale. L'on constate en effet que la plupart des membres ne peuvent pas conduire quelqu'un à Christ et le bâtir ; tout est fait par quelques-uns qui sont fatigués et brisés. Cette anomalie ne peut être corrigée que si nous rentrons et obéissons au commandement du Seigneur tel qu'Il l'a voulu. Les apôtres, les prophètes, les évangélistes, les pasteurs et les enseignants doivent équiper les saints pour l'œuvre du ministère. Tous les saints doivent être dans le ministère, et doivent tous être équipés pour cette œuvre. Tous les saints doivent s'engager activement à bâtir le corps du Christ. Les spectateurs ne sont pas acceptés dans l'Église. Les nains (des gens qui après plusieurs années dans le Seigneur, demeurent des bébés au lait et ne deviennent pas des adultes pour rendre ministère aux autres) ne sont pas acceptés.

Si tous les disciples dans l'Église universelle prenaient au sérieux l'appel à devenir disciples et s'engageaient eux-mêmes, non seulement à être disciples, mais aussi à faire des disciples qui à leur tour feraient des disciples, nous verrions bientôt le monde envahi par l'Évangile, et c'est alors que le « Roi viendrait ».

Nous te recommandons de lire d'abord tout le contenu du

PRÉFACE

livre avant de commencer à poser des questions et à faire des objections. C'est là une approche honnête. Certaines des questions que tu pourras te poser au début auront leurs réponses dans les derniers chapitres. Si tu as fait des disciples qui ont fait des disciples, etc., par d'autres méthodes, s'il te plaît, écris-nous.

Nous publions ce livre en priant que Celui qui a commandé qu'on fasse des disciples, l'utilise, et par la puissance du Saint-Esprit, que ce livre contribue à faire des disciples qui feront des disciples !

Seigneur, ignore les fautes et les échecs de l'auteur de ce livre. Seigneur, ignore les fautes dans la présentation et bénis ce message pour la gloire de Ton Saint Nom.

Yaoundé, le 17 juillet 1986
Zacharias Tanee FOMUM
B.P. : 6090 Yaoundé - Cameroun

CHAPITRE 1

QUI EST RÉELLEMENT DISCIPLE ?

Ce livre traite de « La formation des disciples ». Il serait juste dès le début de déterminer qui est un vrai disciple. Il y a ci-dessous neuf caractéristiques d'un disciple. Elles sont tirées de la Parole de Dieu. Lis soigneusement chacune d'elles et réponds aux questions qui suivent, de préférence par écrit.

1 - UN AMOUR SUPRÊME POUR LE SEIGNEUR

La Bible dit : « *Tu aimeras l'Éternel, ton Dieu, de TOUT ton cœur, de TOUTE ton âme et de TOUTE ta force.* » (Deutéronome 6:5). En d'autres termes, tu dois aimer le Seigneur de :

- tout ton esprit,
- toute ton âme
- tout ton corps.

Un disciple, c'est quelqu'un qui aime le Seigneur de tout son esprit, de toute son âme et de tout son corps. Il y aura toujours lieu de s'étendre et de grandir dans l'amour pour le Seigneur, mais dès le début de sa marche avec le seigneur, le vrai disciple mettra tout ce qu'il est et tout ce qu'il pourra jamais être pour aimer le Seigneur. Pendant que le disciple grandit dans la connaissance du Seigneur, il répondra davantage au Seigneur ; mais pour l'instant, le disciple doit être capable de dire avec une bonne conscience devant le Seigneur et au Seigneur : « Seigneur, je t'aime de tout mon être. »

Aimer le Seigneur n'est pas une affaire sentimentale, bien que les sentiments y soient engagés. Nul ne doit dire qu'il ne ressent pas l'amour dans son cœur pour le Seigneur. Nul ne devrait dire qu'il a un problème émotionnel qui l'empêche de ressentir de l'amour pour le Seigneur comme c'est le cas chez certains croyants. Il y a un test fondamental pour l'amour. Il y a un moyen pour prouver si quelqu'un aime ou n'aime pas le Seigneur. Ce test c'est l'obéissance. Ceux qui aiment le Seigneur Lui obéissent. Ceux qui ne Lui sont pas obéissants ne L'aiment pas. Le Seigneur Jésus dit : « *Si vous m'aimez, gardez mes commandements* » (Jean 14:15). « *Si vous savez ces choses, vous êtes heureux, pourvu que vous les pratiquiez* » (Jean 13:17) ; « *Heureux ceux qui écoutent la parole de Dieu et qui la gardent* » (Luc 11:28).

Aimer le Seigneur exige une obéissance très coûteuse, une obéissance au prix même de ta vie. Aimer le Seigneur exige l'obéissance totale. L'obéissance partielle est une grossière désobéissance. Aimer le Seigneur exige une obéissance impopulaire. Dieu avait demandé au prophète Esaïe de marcher nu pendant trois ans (Esaïe 20:1-3). C'était impopulaire. Cela semblait insensé. Cela semblait irrationnel. Cependant, il y obéit. Moïse, le serviteur de l'Éternel, dit aux Lévites : « *Ainsi parle l'Éternel, le Dieu d'Israël : Que chacun de vous mette son épée au côté ; traversez et parcourez le camp d'une porte à l'autre, et que chacun tue son frère, son parent* » (Exode 32:27). Ils obéirent.

Aimer le Seigneur exige une obéissance continuelle. Pour être un disciple et continuer à être un disciple, quelqu'un commence à obéir au Seigneur et continue à obéir au Seigneur chaque jour, chaque heure, et chaque seconde jusqu'à ce que Jésus revienne. Quand une personne cesse d'obéir au Seigneur dans une chose quelconque, elle cesse d'aimer le Seigneur et cesse aussi d'être un vrai disciple.

Un disciple, c'est quelqu'un qui obéit au Seigneur Jésus en

toutes choses. Il obéit au Seigneur dans tout ce qu'il sait de lui-même maintenant, et dans tout ce qu'il sait au sujet du Seigneur Jésus. Pendant qu'il est davantage éclairé au sujet de lui-même et au sujet du Seigneur Jésus, il obéit à la mesure de la nouvelle lumière qu'il a reçue. Ainsi donc, un disciple obéit au Seigneur en toutes choses et en tout temps. La désobéissance occasionnelle et délibérée n'a pas du tout de place dans la vie d'un disciple.

Un amour suprême pour le Seigneur Jésus, manifesté par une obéissance inconditionnelle et continuelle au Seigneur, fait de quelqu'un un vrai disciple. Les huit conditions suivantes sont une amplification de celle-ci ; mais avant d'y arriver, voici quelques questions qui t'aideront à rendre les choses très claires. Il serait bon de répondre à ces questions clairement et par écrit.

1. Aimes-tu le Seigneur de tout ton cœur ?
2. Y a-t-il quelqu'un ou quelque chose qui rivalise avec le Seigneur dans ton cœur ? (Une telle personne ou chose s'infiltre souvent dans ta pensée quand tu veux prier).
3. Aimes-tu le Seigneur de toute ta volonté ?
4. Aimes-tu le Seigneur de toute ta pensée ?
5. Es-tu en train de diriger progressivement tes émotions dans la direction de l'amour pour le Seigneur ?
6. Utilises-tu ta pensée (ta capacité de réfléchir) dans le service du Seigneur ?
7. Ta pensée (Intelligence) est-elle partagée entre le Seigneur et quelque chose ou entre le Seigneur et quelqu'un ?
8. Y a-t-il un quelconque commandement du Seigneur auquel tu désobéis délibérément ?

9. Y a-t-il un commandement du Seigneur auquel tu hésites à obéir?

2 - UN AMOUR SUPRÊME POUR TOUS LES FRÈRES

La Bible dit : « *Christ a aimé l'Église, et s'est livré Lui-même pour elle, afin de la sanctifier, après l'avoir purifiée par l'eau et la parole, afin de faire paraître devant lui cette Église glorieuse, sans tache, ni ride, ni rien de semblable, mais sainte et irrépréhensible* » (Éphésiens 5:26-27). Le Seigneur a aimé l'Église. Son amour pour elle avait un but. Son amour avait pour but de sanctifier l'Église et de la faire paraître devant Lui glorieuse : sans tache (sans péché), irrépréhensible (sans amour du monde) et sans ride (la perte, avec le temps, du premier zèle et du premier amour). Le Seigneur veut faire paraître devant Lui l'Église glorieuse. Il n'a aucune intention de faire paraître l'Église devant le monde en splendeur, car le monde ne peut jamais supporter ni contempler la splendeur, de l'Église. Parce que le Seigneur a aimé l'Église et a pour but de la faire paraître devant Lui en toute splendeur, Il a ordonné que les disciples aiment l'Église comme Il l'a fait. Il dit : « *Je vous donne un commandement nouveau : Aimez-vous les uns les autres ; comme je vous ai aimés, vous aussi, aimez-vous les uns les autres. À ceci tous connaîtront que vous êtes mes disciples, si vous avez de l'amour les uns pour les autres* » (Jean 13:34-35).

Nous pouvons réexprimer ce commandement comme suit : « Un nouveau commandement que je vous donne, c'est que vous œuvriez à la sanctification les uns des autres ; que vous œuvriez à faire paraître devant moi les uns et les autres en splendeur, sans tache, irrépréhensible et sans rides. »

Pour devenir un disciple du Seigneur et continuer en tant que tel, tu dois t'engager toi-même à œuvrer pour la sanctification de chaque disciple, œuvrant pour t'assurer que chaque disciple est dans une condition telle qu'il puisse paraître devant le Seigneur en gloire : sans tache, sans ride, irrépréhensible.

Ce travail doit être fait pour tous ceux qui sont disciples. Ce disciple en particulier peut-être celui qui

- te hait,
- te déteste,
- t'ignore
- te trahit, etc.,

cependant, tu ne dois permettre à aucune de ces choses de t'empêcher de l'aimer, c'est-à-dire œuvrer pour t'assurer qu'il soit présenté au Seigneur en splendeur lors de Son retour. Le Seigneur Jésus dit : « *A ceci tous connaîtront que vous êtes mes disciples, si vous avez de l'amour les uns pour les autres* » (Jean 13:35). Fixe à jamais dans ta pensée, que tu vas aimer tous les frères et rendre ainsi témoignage au monde que tu es disciple du Seigneur.

Cet amour pour tous les frères n'implique pas nécessairement la communion avec tous. Cet amour peut signifier la séparation d'avec ceux qui vivent dans le péché ou dans une fausse doctrine (1 Corinthiens 5:9-13 ; 1 Jean 4:7). Le Seigneur avait attendu que Judas Iscariot quitte la compagnie des douze avant que la sainte cène ne fût instituée et que le profond message dans les chapitres 14 à 17 de Jean ne fût enseigné. Néanmoins, il aima Judas jusqu'à la fin.

La séparation d'avec des frères qui compromettent la vérité pour une raison ou une autre, ou bien qui vivent dans le péché ou dans une fausse doctrine, doit être faite par amour pour eux. Le but de la séparation doit être de démontrer la vérité de Dieu par la doctrine et par la vie afin qu'ils voient leur péché, s'en repentent et reviennent dans la communion avec le Seigneur. Quand ils sont restaurés dans la communion avec le Père, ils doivent aussi être reçus dans notre propre communion. L'apôtre Jean écrit : «... *afin que vous aussi, vous soyez en communion avec nous. Or notre communion est avec le Père et avec le Fils Jésus-Christ* » (1 Jean 1:3).

Comment peut-on manifester l'amour à tous les frères ? Il y a quelques aspects pratiques qui peuvent aider :

1. Ne jamais rien dire de mensonger au sujet d'un disciple quelconque.
2. Ne jamais rien dire au sujet d'un disciple que tu hésiterais à dire en sa présence.
3. Ne jamais rien dire au sujet d'un disciple qui ne contribuera pas positivement à assurer qu'il est présenté au Seigneur en splendeur, sans tache, irrépréhensible et sans ride.
4. Ne rien refuser à un disciple qui pourrait contribuer à le rendre plus semblable au Seigneur Jésus.
5. Œuvrer afin de pourvoir aux besoins de tout disciple, que ce soit financièrement, socialement ou spirituellement.
6. Ne pas exposer les fautes d'un disciple à un autre ou au

monde directement ou indirectement.

Aimer les disciples ne signifie pas que nous devons priver de notre amour ceux qui n'ont pas encore cru. Le disciple doit obéir au commandement du Seigneur qui exige que nous aimions notre prochain (Ceux qui n'ont pas encore cru) comme nous-mêmes. Il n'y a pas de choix là-dessus. Si tu aimes quelqu'un, tu le bénis.

Voici quelques questions qui aideront à comprendre le sujet.

1. Y a-t-il un disciple que tu ne veux pas bénir ?
2. Y a-t-il un disciple que tu n'aimes pas ?
3. Y a-t-il un disciple que tu ne veux pas voir ?
4. Y a-t-il un disciple qui t'a blessé et contre qui tu es amer et à qui tu ne veux pas pardonner ? Vas-tu lui pardonner maintenant et le bénir même en son absence ?
5. Y a-t-il un disciple qui est dans le besoin ? Tu connais son besoin et tu peux faire quelque chose à ce sujet, mais tu n'as rien fait jusqu'à présent ? Vas-tu te repentir et faire quelque chose à ce sujet aujourd'hui ?
6. Étais-tu en train de dire du mal d'un disciple à l'insu de ce dernier ? T'es-tu repenti devant le Seigneur ? Ne penses-tu pas que tu devrais aussi lui confesser ton péché ?
7. Y a-t-il un disciple qui vit dans un péché que tu connais, mais tu ne veux rien faire pour le sortir de sa condition dangereuse ? Que feras-tu à ce sujet aujourd'hui ?
8. Y a-t-il un disciple qui est piégé dans une fausse doctrine ou dans une fausse pratique spirituelle dont tu es au cou-

rant, mais tu n'as rien fait pour lui montrer son erreur, pour le corriger et pour le tirer de là ?

9. Connais-tu un disciple qui a été contre toi et qui maintenant est tombé dans un péché ou dans une erreur que toi seul connais ? Vas-tu cacher son péché ou sa faute aux autres et traiter cela entre toi, lui et le Seigneur ?

10. Es-tu engagé à encourager autant de disciple que tu connais pour les aider à faire du progrès sur le chemin du pèlerinage ?

3 - LA SÉPARATION D'AVEC LA FAMILLE

Le Seigneur Jésus dit : « *Si quelqu'un vient à moi, et s'il ne hait pas son père, sa mère, sa femme, ses enfants, ses frères et ses sœurs, et même sa propre vie, il ne peut être mon disciple* » (Luc 14:26). Lui, le Seigneur de toute gloire, a encore dit : « *Ne croyez pas que je sois venu apporter la paix sur la terre ; je ne suis pas venu apporter la paix, mais l'épée. Car je suis venu mettre la division entre l'homme et son père, entre la fille et sa mère, entre la belle-fille et sa belle-mère ; et l'homme aura pour ennemis les gens de sa maison. Celui qui aime son père ou sa mère plus que moi n'est pas digne de moi, et celui qui aime son fils ou sa fille plus que moi n'est pas digne de moi* » (Matthieu 10:34-37).

Pour être un disciple, il faut que tu te sépares de toutes les autres amours, afin que tu puisses aimer le Seigneur et n'aimer que Lui. Après que tu t'es ainsi séparé pour aimer le Seigneur et Lui seul, sous Sa conduite et Sa direction, tu aimeras

- ton père
- ta mère,
- ta femme,

- ton mari,
- tes enfants,
- tes sœurs,
- tes frères, etc.

à cause du Seigneur et avec l'amour qui a été renforcé par le Seigneur. Tu ne vas juste pas aimer un quelconque d'entre eux par inclination naturelle, mais par un amour mis dans ton cœur par le Seigneur. En les aimant avec l'amour qui a été déversé dans ton cœur par le Seigneur, tu les aimeras d'une manière plus profonde et plus durable. Tu les aimeras même quand ils te haïront, te persécuteront et feront n'importe quoi contre toi. Les aimer d'un amour qui provient du Seigneur Jésus et est contrôlé par Lui, signifie que tu feras avec eux et pour eux uniquement ce qui les aidera à devenir davantage comme Jésus. Tu ne vas pas juste satisfaire leurs exigences. Tu vas vérifier chaque chose avec le Seigneur Jésus et obéir aux ordres de Jésus en ce qui les concerne.

Les premiers apôtres foulèrent ce chemin étroit de la séparation. À l'appel du Seigneur, la Bible dit de Jacques et de Jean : « *Et aussitôt ils laissèrent la barque et leur père, et le suivirent* » (Matthieu 4:22). Les premiers apôtres dirent à Jésus : « *Voici, nous avons tout quitté, et nous t'avons suivi. Jésus répondit : Je vous le dis en vérité, il n'est personne qui, ayant quitté à cause de moi et à cause de la bonne nouvelle, sa maison, ou ses frères, ou ses sœurs, ou sa mère, ou son père, ou ses enfants, ou ses terres, ne reçoive au centuple, présentement dans ce siècle-ci, des maisons, des frères, des sœurs, des mères, des enfants, et des terres, avec des persécutions, et, dans le siècle à venir, la vie éternelle* » (Marc 10:28-30).

Certains voulurent suivre le Seigneur Jésus, mais ils n'étaient pas prêts à renoncer aux liens familiaux. Le Seigneur Jésus dit à un homme : « *Suis-moi* ». Mais il répondit : « *Seigneur, permets-moi d'aller d'abord ensevelir mon père.* » Mais le Seigneur lui dit : « *Laisse les morts ensevelir leurs morts ; et toi, va annoncer le royaume de Dieu* » (Luc 9:59-60). Un autre dit : « *Je te suivrai, Seigneur, mais permets-moi d'aller d'abord prendre congé de ceux de ma maison.* » Jésus Lui répondit : « *Quiconque met la main à la charrue, et regarde en arrière, n'est pas propre au royaume de Dieu* » (Luc 9:61-62). Ces deux gens avaient l'intention de suivre le Seigneur, mais il y avait quelque chose à faire d'abord. Suivre le Seigneur n'était pas la première chose. Leurs familles venaient en premier lieu. Ils les aimaient plus qu'ils n'aimaient Jésus, car ils leur accordèrent une attention prioritaire.

Un disciple est celui pour qui suivre le Seigneur n'est pas seulement la première chose, mais aussi la seule chose. Quiconque a quelque chose d'autre à faire d'abord avant de venir suivre le Seigneur s'est disqualifié lui-même d'être disciple. Ces deux personnes avaient des problèmes avec les liens familiaux.

Il y a une autre chose qui émerge ici : ces gens disaient : « Seigneur » au Seigneur Jésus et, au lieu d'obéir à ce qu'Il leur disait, ils Lui firent des suggestions pour dire pourquoi ils ne Lui obéiraient pas immédiatement. Ils étaient confus. Ils utilisaient des mots desquels ils ne voulaient obéir ni à la signification, ni aux implications. Dire : « Seigneur Jésus », c'est aussi dire que tu vas Lui rendre une obéissance instantanée en toutes choses. L'appeler Seigneur et Lui faire tes propres suggestions, des suggestions qui mettent de côté Ses commandements, c'est une profonde folie. Un Seigneur donne des ordres. Un Seigneur est obéi tout de suite. L'appeler Seigneur et ensuite mettre quelqu'un ou quelque chose avant Lui, c'est échouer complètement !

À moins qu'un couteau soit passé entre toi et ceux que tu aimes pour te « séparer » d'eux afin que tu puisses aimer le Seigneur et n'aimer que Lui, et ensuite aimer tous ceux qui sont tiens, indépendamment de ce qu'ils font, pour la cause du Seigneur et dans Sa force, tu ne peux pas être Son disciple. Réponds aux questions suivantes comme tu as répondu aux précédentes.

1. T'es-tu « mis à part » pour le Seigneur ?
2. Es-tu séparé de ta famille de façon que tu sois prêt à aimer le Seigneur inconditionnellement ?
3. Y a-t-il un membre de ta famille à qui tu préfères obéir plutôt qu'au Seigneur ?
4. Y a-t-il quelque membre de ta famille dont tu recherches l'approbation de préférence à celle du Seigneur ?
5. Y a-t-il quelque membre de ta famille qui rivalise avec la seigneurie du Seigneur ?
6. La Bible demande que les enfants obéissent à leurs parents. Qu'en serait-il si tu faisais face à une situation où l'ordre d'obéir à tes parents entre en conflit avec l'ordre d'obéir au Seigneur ?
7. Y a-t-il une chose que le Seigneur t'a demandé de faire pour Lui et à laquelle tu n'as pas obéi à cause de quelque membre de ta famille ?

8. Y a-t-il une chose que tu es en train de faire pour ta famille simplement pour la satisfaire, bien que le Seigneur ne l'approuve pas ?

9. Accordes-tu à ta famille, du temps, de l'argent, de l'attention, etc., qui devraient être accordés au Seigneur ?

10. Es-tu en train d'œuvrer pour avoir du succès simplement pour impressionner ta famille, sans aucune considération de ce que le Seigneur pense de cela ?

11. Si le Seigneur prenait tes parents et tes enfants, serais-tu capable de dire : « Le Seigneur a donné et le Seigneur a ôté, gloire à Son Nom » et de continuer à L'aimer sans condition ?

12. Y a-t-il un membre de ta famille auquel ta vie est tellement entrelacée que celui-ci est devenu un « Isaac » pour toi ? Que feras-tu à ce sujet aujourd'hui ?

4 - LA SÉPARATION D'AVEC LE « MOI »

Jésus dit : « *Si quelqu'un vient à moi et ne hait pas… et même sa propre vie, il ne peut être mon disciple* » (Luc 14:26).

Nul ne peut devenir un disciple et continuer à l'être s'il ne met pas activement fin à sa vie du « moi » par un coup fatal et s'il ne continue pas à faire mourir sa vie du « moi » chaque jour, ou plutôt chaque heure, et chaque minute.

La vie du « moi » se manifeste dans :
- La justification de soi
- L'auto-détermination

- La publicité de soi
- Les félicitations de soi
- L'amour de soi, etc.

Il est dit que l'amour est aveugle. S'il en est ainsi, alors l'amour de soi, étant le plus fort, est le plus aveugle. La seule réponse à la vie du « moi » est la croix du calvaire. Il faut radicalement renoncer au « moi » et le condamner à la mort sur la croix. Pour t'aider à mieux comprendre ce dont nous parlons, pose-toi les questions suivantes au sujet de tout ce que tu dis et fais :

1. Suis-je en train de faire cette chose pour la gloire du Seigneur et pour Sa seule gloire, ou bien suis-je en train de le faire en partie pour la gloire du Seigneur et en partie pour ma gloire ?

2. Aurais-je toujours fait cette chose de la même manière si quelqu'un d'autre ne savait et n'allait jamais savoir que c'est moi qui l'ai faite ?

3. Ferais-je toujours cette chose avec joie si quelqu'un d'autre devait en recevoir le mérite ?

4. La ferais-je toujours si quelqu'un qui me hait en recevait le mérite ?

Si ta réponse à ces questions est réellement « oui », ce que tu es en train de faire est approuvé par Dieu. Si la réponse est en partie « oui » et en partie « non », alors ce que tu fais est mêlé de « moi ». Si ta réponse est « non », alors ton œuvre est enracinée dans le « moi ». Elle ne peut être approuvée par Dieu.

Tu ne peux pas être un disciple, à moins que tu t'engages à

renoncer au « moi », et à pratiquer activement le renoncement au « moi » en toutes choses, à commencer par les très petites choses pour passer progressivement aux autres aspects plus sérieux. Ceci signifie que tu laisseras d'abord les autres entrer dans le bus, l'avion, le taxi, etc., même s'il faut que tu n'aies pas de place et que tu attendes. Cela signifie que tu commenceras à laisser les autres se servir les premiers à table, même s'il faut que tu n'aies pas la meilleure part du repas. Laisse les autres l'avoir. Ceci signifie que tu vas te réjouir avec ton collègue qui a été promu de préférence à toi, bien que tu sois mieux qualifié. Ceci signifie que tu serviras les autres au lieu d'attendre d'être servi. Le Seigneur Jésus a dit : « *Vous savez que les chefs des nations les tyrannisent, et que les grands les asservissent. Il n'en sera pas de même au milieu de vous. Mais quiconque veut être grand parmi vous, qu'il soit votre serviteur ; et quiconque veut être le premier parmi vous, qu'il soit votre esclave. C'est ainsi que le Fils de l'homme est venu, non pour être servi, mais pour servir et donner sa vie comme la rançon de plusieurs* » (Matthieu 20:25-28).

Renoncer à toi-même signifiera que tu commenceras activement à pratiquer les choses suivantes :

1. Cacher les bonnes choses qui sont en toi ou que tu fais pour ne pas ainsi attirer l'attention sur toi-même.
2. Exposer tes faiblesses et tes manquements aux autres.
3. Refuser délibérément de te justifier quand tu es faussement accusé, mais te repentir immédiatement et entreprendre la restitution quand on te montre tes fautes ou tes échecs.
4. Refuser de défendre ton œuvre ou ton ministère. Tout ce

qui importe c'est l'opinion de Dieu, et tout véritable ministère est pour le Seigneur et devant le Seigneur. L'opinion des hommes ne peut rien y ajouter, ni rien en soustraire.

Puissent les questions suivantes t'aider :

1. As-tu un désir secret d'être remarqué, loué ou félicité ?
2. Nourris-tu un désir secret d'être connu, entendu, respecté, de diriger les autres et de demeurer à tout prix dans la direction ?
3. Veux-tu que les autres t'obéissent en toutes choses en tout temps ?
4. Acceptes-tu les critiques avec joie ?
5. Évites-tu ceux qui peuvent te corriger et qui te corrigent pour te cacher dans la compagnie de ceux qui t'adorent ?
6. Es-tu prêt à servir le Seigneur et à laisser qu'une autre personne en reçoive tout le mérite ?
7. Es-tu prêt à servir sous l'ombre d'un autre ?
8. Languis-tu pour la promotion et la position des hommes et devant les hommes ?
9. Demandes-tu facilement pardon ?
10. Défends-tu un quelconque de tes droits ?
11. Insistes-tu sur tes privilèges devant l'homme ?
12. Es-tu toujours en train de lutter pour obtenir le meilleur siège dans le taxi, le bus, l'avion, en classe, etc. ?
13. Préfères-tu être servi avant les autres à table ?
14. Te justifies-tu quand on te montre tes fautes ?

15. Renvoies-tu le blâme sur les autres quand les choses tournent mal ?

5 - PORTER LA CROIX

Le Seigneur Jésus dit : « *Et quiconque ne porte pas sa croix, et ne me suis pas, ne peut être mon disciple* » (Luc 14:27). Porter personnellement sa croix, c'est le chemin de la souffrance. C'est la souffrance pour Christ et pour l'Évangile ; le Seigneur Jésus a porté Sa croix et est mort dessus. Il a souffert.

Jésus n'a pas souffert à cause de Son péché. Il était sans péché. Il a accepté la souffrance. Il ne S'était pas défendu. Il resta silencieux. Il la supporta entièrement. Il était parfaitement au contrôle devant l'épreuve. Il ne S'était pas plaint et n'avait blâmé personne. Il savait qu'après tout, Il était entre les mains du Père. Il rendit témoignage devant l'épreuve.

La souffrance du disciple est promise. Jésus dit : « *Vous serez haïs de tous, à cause de mon nom* » (Matthieu 10:22). L'apôtre Paul dit à Timothée : « *Or tous ceux qui veulent vivre pieusement en Jésus-Christ seront persécutés* » (2 Timothée 3:12). Il dit encore aux croyants philippiens : « *Car il vous a été fait la grâce, par rapport à Christ, non seulement de croire en lui, mais encore de souffrir pour lui, en soutenant le même combat que vous m'avez vu soutenir, et que vous apprenez que je soutiens* » (Philippiens 1:29-30).

Le Seigneur dit encore aujourd'hui : « *Si quelqu'un veut venir après moi, qu'il renonce à Lui-même, qu'il se charge de sa croix et qu'il me suive* ». C'est Le suivre jusqu'à la mort, une mort quotidienne et peut-être une mort physique permanente, dans un acte de martyre. Si tu es prêt à cela, tu peux être Son disciple.

Les questions suivantes peuvent s'avérer utiles :

1. Es-tu prêt à subir le chantage, à être raillé, insulté, réduit à un grade inférieur, emprisonné et tué à cause du Seigneur ?

2. Jusqu'où as-tu déjà souffert pour Son Nom ?

3. En souffrant, t'es-tu réjoui du fait que tu as été jugé digne de souffrir le déshonneur pour Son nom ?

4. Es-tu prêt, si cela arrivait, à être renvoyé de ton service à cause du Seigneur Jésus ?

5. Es-tu disposé, si cela arrivait, à être renvoyé de ta maison à cause du Seigneur Jésus ?

6. Es-tu disposé à souffrir la perte de tout ce que tu possèdes pour Lui ?

7. Y a-t-il un commandement du Seigneur auquel tu n'obéis pas par crainte de ce que cela te coûtera ? Cela peut être un commandement venant de la Bible ou d'une transaction personnelle entre Dieu et toi. Que feras-tu à ce sujet ? Réalises-tu que si tu continues dans la désobéissance même dans ce seul aspect, tu optes pour ne pas être Son disciple ?

8. Qu'y a-t-il dans ta vie
   - ton emploi
   - ta famille, etc.,
   - que veux-tu protéger à tout prix ?
   - Vas-tu l'abandonner maintenant ?

6 - RENONCER A TOUT

Le Seigneur Jésus dit : « *Ainsi donc quiconque d'entre vous ne renonce à tout ce qu'il possède ne peut être mon disciple* » (Luc 14:33).

Chacun est venu dans le monde étant nu.

Chacun quittera le monde étant nu.

Tout cœur qui est attaché à une quelconque possession terrestre a raté le but. Renoncer à tout ne signifie pas tout jeter. Il y a trois choses qu'on peut déduire de Luc 14:33.

1. Une personne ne peut pas renoncer à ce qu'elle n'a pas. Tous les disciples vont travailler dur et vont ainsi acquérir ce à quoi ils doivent renoncer. La paresse est une abomination. Tous les disciples et tous les futurs disciples doivent faire tout ce qu'ils peuvent pour acquérir tout ce qu'ils peuvent.

2. Renoncer à tout est un acte. Cela doit inclure tout. Cela signifie que tout ce qui a été acquis est séparé du monde et séparé du « moi » dans la personne de telle manière que le monde et le « moi » n'ont pas d'autorité ou d'accès à cela.

3. Ce à quoi on a renoncé doit être mis à la disposition du Seigneur et de l'Évangile. Pour être un disciple, tout ce que tu as et tout ce que tu pourras jamais avoir doit être disponible pour les besoins du royaume de Dieu. Ce n'est pas une question de les disposer à 10 %. Il est question de les disposer à 100 %. Si le Seigneur demande qu'une certaine portion soit investie directement dans l'œuvre du Royaume maintenant, cela est fait, mais le reste doit encore être mis à Sa disposition pour être utilisé tel qu'Il le commande.

Si une personne a renoncé à tout, alors elle n'a plus rien. Elle doit donc recevoir du Seigneur tout ce dont elle a besoin. Pour qu'une personne soit un disciple, il faut qu'elle s'engage à travailler dur pour ainsi acquérir tout ce qu'elle peut acquérir. Elle doit ensuite mettre tout à la disposition du Seigneur et Lui dire : « Seigneur, ceci T'appartient. Le tout est à Toi. Cela n'appartient pas à Toi et à moi. J'ai renoncé à tout. Je suis un gérant de Ta possession. Je suis gérant et non propriétaire. Seigneur, que veux-tu que je fasse de ce qui est à Toi ? » Elle doit continuer à demander et à attendre devant le Seigneur. Quand le Seigneur parle, elle doit obéir à ce que le Seigneur lui a dit en détail, et tout de suite. Le Seigneur peut lui demander de donner de l'argent pour un certain projet de l'Évangile. Elle le fera. Il peut lui demander de l'épargner. Elle le fera. Il pourrait lui demander de construire une maison et de la mettre en location pour Lui, et le disciple le fera. Dès le moment où une personne s'engage elle-même à devenir un disciple, elle soumet à jamais son droit de posséder des biens sur la terre. Tout ce qui pourra jamais entrer dans ses mains appartient au Seigneur. Celui qui a tout abandonné doit demander et recevoir tous ses besoins du Seigneur. Son salaire appartient au Seigneur. Ainsi donc, le disciple n'a pas l'argent pour la nourriture, le loyer, les vêtements, etc., bien qu'il soit payé. Il doit tout recevoir du Seigneur. Le Seigneur peut décider de pourvoir à ses besoins par le salaire, mais Il peut aussi y pourvoir à travers d'autres moyens.

Celui qui a renoncé à tout ce qu'il possède doit demander au Seigneur de pourvoir à tous ses besoins et non à ses désirs et à ses luxes. Il doit demander au Seigneur de grosses sommes d'argent qui seront investies dans l'œuvre du Royaume et par là, s'amasser des trésors au ciel. Cette accumulation des trésors au ciel est faite de deux manières :

1. En pourvoyant aux besoins des pauvres à l'ordre de Dieu.
   Ceci n'a rien à voir avec les dons sociaux où les riches reçoivent plus, mais cela concerne les besoins des pauvres que
   le Seigneur mettra sur le cœur d'un disciple.
2. En pourvoyant aux besoins du ministère de l'Évangile, à l'ordre de Dieu. Le but pour lequel on pourvoit aux besoins du
   ministère de l'Évangile, est de s'assurer que la partie
   - de la ville
   - de la nation
   - du continent
   - du monde du disciple est atteinte par l'Évangile.

Les seules vraies possessions que quelqu'un a, c'est l'argent
ainsi dépensé. De telles possessions seront retrouvées au ciel.
Tout bien qui n'est pas ainsi utilisé est perdu à jamais.

S'il faut que le disciple soit comme son Seigneur, alors
chaque disciple a besoin de regarder de nouveau au Seigneur Jésus.

Qu'avait-Il possédé ?

Dans quel luxe avait-Il vécu ?

Qu'avait-Il demandé au Père pour Ses besoins matériels ?

Cet engagement à une simple vie de sacrifice est en pénurie
de nos jours. Il me semblerait que certains disciples utilisent l'argent du Seigneur dans des projets qu'Il ne pouvait jamais ap-

prouver. Ils vivent dans le luxe. Leur argent peut ne pas être dans leurs comptes en banque, mais il est dépensé pour leurs tables de gloutonnerie, pour leur mobilier coûteux, pour leurs garde-robes, etc.

Il y a des exigences dans l'entreprise de l'Évangile qui doivent être satisfaites maintenant. Nous n'avons pas de garantie pour un avenir sur terre. Nous ne savons pas ce que nous réserve l'avenir au niveau personnel, national, continental et peut-être mondial. Nous connaissons le Seigneur et nous devons Lui faire confiance pour les besoins du futur. À défaut de la foi qui croit que le Seigneur pourvoira à tous les besoins du futur, il est impossible à quiconque de devenir disciple.

Il tient le futur.

Il est le futur du disciple.

Le disciple n'a pas de futur en dehors de Lui.

Il est suffisant.

Réponds honnêtement aux questions suivantes : car tu risques de les confronter sous une autre forme devant le Tribunal de Christ, et cela peut être bientôt.

1. As-tu renoncé à ton emploi ? Y travailles-tu avec le seul but de glorifier le Seigneur et de gagner de l'argent pour le dépenser dans l'entreprise de l'Évangile ?

2. Où est ton trésor ?

3. As-tu renoncé à ton salaire ?

4. As-tu donné par un acte personnel de soumission tout ton salaire, ton terrain, tes maisons, tes économies, etc., au Sei-

gneur ?

5. As-tu renoncé à ton droit à l'aisance, au luxe, au confort ? Es-tu en train de vivre pratiquement le renoncement sur une base quotidienne ?

6. As-tu renoncé à ton droit aux goûts raffinés dans les vêtements, et dans les aliments, etc. ?

7. As-tu des plans d'acheter une voiture, un terrain, une maison, etc., que le Seigneur n'a pas approuvés ?

8. Qu'as-tu comme trésor sur terre ? Fais une liste de ces choses. Est-il là où la teigne et la rouille et les voleurs et autres ne parviendront pas ?

9. Gardes-tu l'argent en banque pour le soustraire des besoins courants de l'Évangile alors que le Seigneur ne t'a pas personnellement demandé de le garder pour Lui en ce moment ?

10. Le Seigneur t'a-t-Il demandé de donner de l'argent pour Son œuvre maintenant, mais que tu n'as pas encore donné ? Que feras-tu à ce sujet ?

11. Te rassures-tu que l'argent que tu investis dans les différents projets qui semblent être entrepris au nom du Seigneur, est réellement de l'argent donné au centre de la volonté de Dieu et à Son ordre ?

12. Peux-tu décrire ton alimentation, ton logement ton habillement, ta manière générale de dépenser de l'argent comme dignes du Seigneur ?

13. Fais-tu tout ce que tu peux pour améliorer ta position financière afin d'avoir plus d'argent à investir dans l'entreprise de l'Évangile ? Ceci peut être l'achat d'un terrain, la construction de maisons ou la mise sur pied d'une entre-

prise honnête.

14. As-tu jamais supplié le Seigneur ou un de Ses serviteurs de t'accorder l'honneur d'accepter ton don pour l'investir dans l'œuvre de l'Évangile ?

15. Combien as-tu déjà envoyé dans ton compte au ciel ?

16. Es-tu libéré de l'amour de l'argent, des choses, etc. ?

17. Es-tu satisfait de ce que tu possèdes en ce moment, ou bien y a-t-il un désir ardent pour en avoir plus ?

7 - DEMEURER DANS LA PAROLE

C'est une chose de devenir un disciple. C'est tout à fait une autre chose de continuer en tant que disciple jusqu'à la fin. Il y eut un temps où Jésus amena Ses disciples à un carrefour par un enseignement dur. La Bible dit : « *Dès ce moment, plusieurs de ses disciples se retirèrent, ils n'allaient plus avec Lui* » (Jean 6:66). Il ne cajola pas les douze à rester. Il leur demanda : « *Et vous, ne voulez-vous pas aussi vous en aller ?* » (Jean 6:67). Ils refusèrent de s'en aller, mais tout de même, Judas tomba le long du chemin.

Si tu commences comme un disciple, tu dois continuer comme un disciple sinon, il n'y a pas de raison que tu aies jamais commencé. Si tu commences à aimer le Seigneur de façon suprême, tu dois continuer à L'aimer d'une façon suprême sinon, tes labeurs initiaux étaient vains. Quand tu cesses d'aller de l'avant, tu commences à rentrer en arrière. Tu rétrogrades. Ceci s'applique à tous les domaines de la vie de disciple.

La manière de s'assurer qu'on va de l'avant sur le chemin du disciple, c'est demeurer dans La Parole. Le Seigneur Jésus dit :

« Si vous demeurez dans ma parole, vous êtes vraiment mes disciples ; vous connaîtrez la vérité et la vérité vous affranchira » (Jean 8:31).

Demeurer dans la Parole présuppose qu'on a déjà commencé dans la Parole. On a commencé à

- aimer
- étudier
- mémoriser

et au-delà de tout, à obéir à la Parole.

Quand une personne a débuté ce processus, elle doit continuer. Quand elle cesse d'aimer, d'étudier, de mémoriser et d'obéir à la Parole, elle rétrograde.

Demeurer dans la Parole implique le fait que la personne concernée n'est plus à l'endroit où elle a commencé. Elle grandit dans l'amour, l'étude, la mémorisation et l'obéissance à la Parole. Ceux dont le régime alimentaire dans l'amour, l'étude, la mémorisation, l'obéissance à la Parole est encore au niveau où il était il y a trois ans, ne demeurent pas dans la Parole. Demeurer implique qu'il y a du progrès. Stagner alors que tout le reste avance, c'est rétrograder.

Que les questions suivantes t'aident à éclaircir les choses :

1. Aimes-tu entendre la Parole prêchée et enseignée ?
2. Aimes-tu l'entendre prêchée et enseignée maintenant plus que dans le passé ?
3. Aimes-tu lire la Parole de Dieu ?

4. Aimes-tu la lire maintenant plus que par le passé ?

5. Est-ce qu'en ce moment, tu La lis plus que par le passé ? Quelle est la différence ?

6. Le Seigneur te parle-t-Il à travers Sa Parole ?

7. L'entends-tu te parler à partir de Sa Parole maintenant plus que par le passé ?

8. Lis-tu la Parole avec un désir d'entendre Sa voix et d'obéir à celle-ci ?

9. Quelle obéissance a-t-il exigée de toi récemment à travers Sa Parole ?

10. Y a-t-il des commandements dans la Parole auxquels tu obéis maintenant, et auxquels tu n'obéissais pas dans le passé ?

11. Trembles-tu à l'idée que si tu désobéis au Seigneur, Il peut cesser de te parler ?

12. Écoutes-tu Sa voix avec actions de grâce dans ton cœur ?

13. T'a-t-Il jamais envoyé vers un disciple avec un message ? Es-tu allé ?

8 - PORTER DU FRUIT

Le Seigneur Jésus dit : « *Si vous portez beaucoup de fruit, c'est ainsi que mon Père sera glorifié, et que vous serez mes disciples* » (Jean 15:8).

Du fruit, beaucoup de fruit, c'est la conséquence naturelle d'être disciple et de continuer en tant que disciple. Celui qui obéit au Seigneur en toutes choses va spontanément porter beaucoup de fruit. Il ne se met pas à poursuivre le fruit. Il cherche à obéir au Seigneur en toutes choses, et de cette obéissance découle spontanément du fruit.

Il y a le fruit du caractère chrétien : l'amour, la joie, la paix, la patience, etc., et le fruit des gens amenés dans le royaume. Le fruit, le fruit abondant, c'est l'évidence, la preuve de la vie du disciple. C'est le fait de porter du fruit qui rend témoignage au fait que tout est en ordre. Voici quelques questions pour la réflexion :

1. Portes-tu du fruit ? Quel genre de fruit portes-tu ? Portes-tu beaucoup de fruit ?
2. Ton caractère ressemble-t-il à celui du Seigneur Jésus d'une manière croissante ?
3. Qui as-tu conduit au Seigneur Jésus ?
4. Qui as-tu restauré au Seigneur Jésus ?
5. Qui as-tu établi dans le Seigneur Jésus ?
6. Que fais-tu personnellement pour t'assurer que les gens dans
   - cette ville,
   - cette nation,
   - ce continent,
   - ce monde,

   entendent l'Évangile, y répondent et rendent une obéissance totale au Seigneur Jésus en toutes choses ?

9 - LA SÉPARATION D'AVEC TOUT PÉCHÉ

Je voudrais dire ici quelque chose que le Seigneur Jésus a pris pour acquis comme étant une condition pour la vie de disciple.

C'est en rapport avec le péché. Quiconque pratique sciemment un péché quelconque, petit ou grand, a échoué au test
d'être disciple. L'apôtre Jean dit : « *Celui qui pèche est du diable* »
(1 Jean 3:8). Il continua en déclarant : « *Quiconque est né de Dieu
ne pratique pas le péché, parce que la semence de Dieu demeure en
lui, et il ne peut pécher, parce qu'il est né de Dieu* » (1 Jean 3:9).

Si tu continues à commettre délibérément le péché dans un
domaine quelconque de ta vie, qu'il soit petit ou grand, tu es du
diable ; tu n'es pas un disciple. Pour devenir un disciple, tu dois
abandonner tout péché et faire un engagement sans réserve à
Jésus-Christ. Que les questions suivantes t'aident :

1. Es-tu en train de vivre sciemment dans une relation
   inique ? Vas-tu l'arrêter aujourd'hui ?
2. Es-tu en train de pratiquer sciemment un acte inique ou
   une habitude inique ?
3. Es-tu faux dans ta relation avec quelqu'un ? As-tu donné
   l'impression d'être ce que tu n'es pas réellement ?
4. As-tu totalement abandonné le mensonge et toute forme
   d'hypocrisie ?

Es-tu un disciple en réalité ?

CHAPITRE 2

LA FORMATION DES DISCIPLES EST UNE NÉCESSITÉ

La formation des disciples n'est pas une affaire facultative. C'est une nécessité pour les raisons suivantes :

1 - JÉSUS L'A ORDONNE

Le Seigneur Jésus dit à Ses disciples : « *Allez, faites de toutes les nations des disciples, les baptisant au nom du Père, du Fils et du Saint-Esprit, et enseignez-leur à observer tout ce que je vous ai prescrit. Et voici, je suis avec vous tous les jours, jusqu'à la fin du monde* » (Matthieu 28:19-20). Un bon nombre de choses sont évidentes dans ce commandement :

Premièrement, il fut adressé aux disciples. Quiconque n'est pas un disciple n'a rien à voir avec cette grande commission du Seigneur !

Deuxièmement, les disciples devaient faire des disciples comme eux-mêmes. Ils devaient faire uniquement des disciples. Ils ne devaient rien faire d'autre.

Troisièmement, ils devaient faire de toutes les nations des disciples. C'était une affaire globale. Dans toutes les nations, des disciples devaient être faits à leur ressemblance.

Quatrièmement, les disciples devaient être faits par eux et non par le Seigneur. Ce n'était pas la tâche de Dieu. Il avait fait d'eux des disciples. Ils devaient faire d'autres disciples. Le Seigneur S'attendait à ce qu'ils le fassent. Il considérait qu'ils étaient à mesure de le faire.

1. Ceux qui étaient faits disciples devaient être baptisés par ceux qui les faisaient disciples. Il est donc évident que le Seigneur voulait que seuls les disciples soient baptisés. Il est aussi évident que le Seigneur voulait dire que, celui qui faisait d'un autre un disciple était qualifié pour baptiser la personne. Quiconque n'avait pas fait des disciples n'était pas qualifié pour baptiser quelqu'un d'autre.

2. Le disciple devait être baptisé au nom du Père du Fils et du Saint-Esprit. Le disciple ne devait être baptisé en aucun nom autre que celui que le Seigneur avait ordonné.

3. Le disciple devait enseigner au nouveau disciple qu'il avait fait, à observer tout ce que le Seigneur avait ordonné au disciple. Ceci signifie que le disciple devait :

   a) enseigner au nouveau disciple qu'il avait fait tout ce que le Seigneur avait enseigné au disciple.

   b) enseigner au nouveau disciple à observer tout ce que le Seigneur avait enseigné au disciple, et qui à présent lui avait été enseigné.

Parmi les choses qui étaient enseignées au nouveau disciple, devait se trouver le commandement d'aller et de faire de toutes les nations des disciples, les baptisant au nom du Père, du Fils et du Saint-Esprit.

Le nouveau disciple devait obéir, faire un disciple, enseigner au disciple tout ce qu'il avait appris et lui enseigner à observer, à mettre en pratique tout ce qui lui avait été enseigné. Nous pouvons représenter cela de la manière suivante :

Le Disciple « A » est enseigné à observer tout ce que le Seigneur a ordonné.

Le Disciple « A » conduit un homme « B » au Seigneur et fait de « B » un disciple, le baptise et lui enseigne toutes choses et comment les observer, y inclut la formation des disciples.

Le Disciple « B » observe tout ce que le Seigneur a dit, en conduisant quelqu'un « C » au Seigneur, le baptise et lui enseigne à observer tout ce que le Seigneur a dit, y compris la formation des disciples.

Le Disciple « C » etc.

A chaque étape, chaque disciple devait observer tout ce que le Seigneur avait dit, et non pas une partie de cela.

Le Seigneur avait promis qu'il serait avec les disciples pendant qu'ils feraient des disciples et enseigneraient aux disciples à faire des disciples.

Le Seigneur voulait que le processus de faire des disciples et de leur enseigner à faire des disciples continue jusqu'à la fin du monde. Nous ne sommes pas encore à la fin du monde. Ce qu'Il a dit s'applique aussi à nous aujourd'hui.

2 - AU COMMENCEMENT, SEULS LES DISCIPLES ÉTAIENT CONNUS

Au début, ceux qui crurent au Seigneur devinrent immédiatement des disciples. Ils ne reçurent pas un Évangile anormal qui leur donnait quelque espoir au cas où ils viendraient au Seigneur sur leurs propres conditions. Venir au Seigneur, c'était venir à la vie de disciple.

La Bible dit : « *Ceux qui reçurent de bon cœur sa Parole furent baptisés ; et, en ce jour, le nombre des disciples s'augmenta d'environ trois mille âmes. Ils persévéraient :*

1 - dans l'enseignement des apôtres
2 - dans la communion fraternelle
3 - dans la rupture du pain
4 - dans les prières. »

La Bible dit encore : « En ce temps-là, le nombre des disciples augmentant, les Hellénistes murmurèrent contre les Hébreux, parce que leurs veuves étaient négligées dans la distribution qui se faisait chaque jour. Les douze convoquèrent la multitude des disciples, et dirent : Il n'est pas convenable que nous délaissions la Parole de Dieu pour servir aux tables » (Actes 6:1-2). L'Église est le corps des disciples !

« *La Parole de Dieu se répandait de plus en plus, le nombre de disciples augmentait beaucoup à Jérusalem, et une grande foule de sacrificateurs obéissaient à la foi* » (Actes 6:7). Le nombre se multipliait pendant que les disciples faisaient des disciples !

« *Cependant, Saul, respirant encore la menace et le meurtre contre les disciples du Seigneur…* » (Actes 9:1). «*Or, il y avait à Damas un disciple nommé Ananias…* » (Actes 9:10). «*Saul resta quelques jours avec les disciples qui étaient à Damas* » (Actes 9:19). «*Après un temps assez long, les Juifs se concertèrent pour le faire mou-*

rir, et leur complot fut connu de Saul. Ils surveillaient la ville, même les portes jour et nuit, afin de le faire mourir. Mais de nuit, les disciples (la note parle de ses disciples dans certains manuscrits) le prirent et le descendirent le long de la muraille, dans une corbeille » (Actes 9:23-25, version Colombe). Ces gens étaient disciples du Seigneur, mais la Bible les appelle aussi disciples de Saul.

« Arrivé à Jérusalem, Saul tâcha de se joindre aux disciples ; mais tous le craignaient, ne croyant pas qu'il fût disciple » (Actes 9:26, version Darby).

« Il y avait à Joppé, parmi les disciples, une femme nommée Tabitha, ce qui signifie Dorcas : elle faisait beaucoup de bonnes œuvres et d'aumônes. Elle tomba malade en ce temps-là et mourut. Après l'avoir lavée, on la déposa dans une chambre haute. Comme Lydde est près de Joppé, les disciples, ayant appris » (Actes 9:36-38).

«Ce fut à Antioche que, pour la première fois, les disciples furent appelés chrétiens » (Actes 11:26).

«Mais, les disciples l'ayant entouré, il se leva, et entra dans la ville » (Actes 14:20).

«Quand ils eurent évangélisé cette ville et fait un certain nombre de disciples, ils retournèrent à Lystre, à Icone et à Antioche, fortifiant l'esprit des disciples, les exhortant à persévérer dans la foi, et disant que c'est par beaucoup de tribulations qu'il nous faut entrer dans le Royaume de Dieu » (Actes 14:21-22).

«Après leur arrivée, ils convoquèrent l'Église, et ils racontèrent tout ce que Dieu avait fait avec eux, et comment il avait ouvert aux na-

tions la porte de la foi. Et ils demeurèrent assez longtemps avec les disciples » (Actes 14:27-28). L'Église et les disciples sont utilisés ici d'une façon interchangeable.

« *Il se rendit à Derbe et à Lystre. Et voici, il y avait là un disciple nommé Timothée…* » (Actes 16:1).

«*Lorsqu'il eut passé quelque temps à Antioche, Paul se mit en route, et parcourut successivement la Galatie et la Phrygie, fortifiant tous les disciples* » (Actes 18:23).

«*Mais, comme quelques-uns restaient endurcis et incrédules, décriant devant la multitude la voie du Seigneur, il se retira d'eux, sépara les disciples...*» (Actes 19:9).

«*Paul voulait se présenter devant le peuple, mais les disciples l'en empêchèrent* » (Actes 19:30).

«*Lorsque le tumulte eut cessé, Paul réunit les disciples, et, après les avoir exhortés, prit congé d'eux, et partit pour aller en Macédoine* » (Actes 20: 1).

«*Quelques disciples de Césarée vinrent aussi avec nous, et nous conduisirent chez un nommé Mnason, de l'île de Chypre, ancien disciple, chez qui nous devions loger* » (Actes 21:16).

Comme on peut voir à partir des passages cités ci-dessus, ceux qui appartenaient au Seigneur étaient appelés disciples. Le nom englobait entre autres choses l'idée d'un engagement à apprendre à être comme Christ. Cela suggérait aussi qu'ils étaient contraints à faire d'autres disciples ; que le chemin chrétien n'était pas un club où les gens s'asseyaient et le pasteur faisait tout. Le nom faisait aussi penser aux conditions que le Seigneur avait établies pour les futurs disciples et à la possibilité d'arrêter la marche sur le chemin de la formation des disciples.

Le mot « chrétien » fut pour la première fois donné aux disciples par des non-croyants. C'était un sobriquet. Il est utilisé trois fois dans le Nouveau Testament. Nous suggérons que le mot « disciple » indiquant les croyants dans le livre des Actes des Apôtres soit de nouveau utilisé pour désigner ceux qui sont de la communauté des fidèles, mais non pour exclure les autres noms utilisés dans la Bible.

Finalement, permettez-moi de dire qu'une personne peut porter le nom de disciple et ne pas être un disciple.

Quiconque comprend que l'enseignement sur la formation des disciples et la « formation de disciples » offrent une occasion pour une nouvelle « dénomination » a raté le but ! Les dénominations ne sont pas créées par Dieu. Le « dénominationalisme » provient de l'Ennemi. Tous ceux qui connaissent et aiment le Seigneur doivent faire des disciples. Dieu en Christ a appelé tous les Siens à cela. Il n'y a pas moyen d'y échapper.

3 - LA FORMATION DES DISCIPLES EST LE SEUL MOYEN POUR ÉVANGÉLISER EFFECTIVEMENT LE MONDE ET BÂTIR L'ÉGLISE

Depuis que le Seigneur a donné le commandement il y a deux mille ans environ, que le monde devait être évangélisé et qu'il fallait faire des disciples, environ la moitié de la population du monde n'a pas encore clairement entendu l'Évangile. Parmi ceux qui se réclament des croyants en Jésus, 1 200 000 000 ne sont que des chrétiens de nom. Ils ne sont pas disciples. Ils n'ont jamais touché la vie de Dieu. Ils ne peuvent pas co-oeuvrer avec le Saint-Esprit pour impartir la vie.

Même quand on rencontre une assemblée de croyants, La plupart demeurent des bébés spirituels toute leur vie. Les pasteurs et quelques autres personnes sont payés pour tout faire ! Un homme peut faire partie d'une assemblée de croyants pendant vingt ans sans jamais conduire quelqu'un au Seigneur Jésus et sans jamais aider personne sous une forme active quelconque à entrer dans une expérience spirituelle quelconque. Ceci est contraire à l'esprit du Nouveau Testament.

Il est évident que la tâche de l'Évangélisation mondiale aurait été totalement différente aujourd'hui ainsi que la condition de chaque croyant si des disciples avaient été faits, et si le processus avait continué. Dans les tableaux qui suivent, nous avons considéré quatre cas possibles pour lesquels il faut une, deux, trois ou cinq années pour amener quelqu'un au Seigneur Jésus et faire de lui un disciple et voir l'impact de cela. Nous avons en pensée le fait que le Seigneur Jésus a mis trois ans pour appeler Ses disciples, les entraîner à la tâche et leur confier la tâche de l'évangélisation mondiale, et l'édification de l'Église. Je crois fermement que c'est là l'idéal. D'autre part, les gens ne grandissent pas spirituellement à la même vitesse et le niveau atteint par les disciples peut être grandement influencé par le degré spirituel atteint par le faiseur de disciples et la profondeur de la consécration du disciple. Saul de Tarse fit à Damas des disciples qui bientôt, étaient capables de l'aider à échapper à la mort. Il forma aussi des disciples au cours de son premier voyage missionnaire ; bien que dans certains endroits, son séjour fût vraiment bref. S'il faut une année pour faire un disciple et lui enseigner à faire des disciples, une personne peut commencer aujourd'hui et faire des disciples au nombre de presque deux fois la population actuelle du monde en trente-quatre ans. Les tableaux suivants montrent cela clairement :

1 1

2 2

3 4

4 8

5 16

6 32

7 64

8 128

9 256

10 512

11 ....1 024

12 ....2 048

13 ....4 096

14 ....8 192

15 ....16 384

16 ....32 468

17 ....65 536

18 ....131 072

19 ....262 144

20 ....524 288

21 ....1 048 576

22 ....2 097 152

23 ....4 194 304

24 ....8 388 608

25 ....16 777 216

26 ....33 554 432

27 ....67 108 864

28 ....134 217 728

29 ....268 435 456

30 ....536 870 912

31 ....1 073 741 824

32 2147483648

33 4294967296

34 8589934592

Cher ami, si tu es disciple et t'engages à faire des disciples, tu peux gagner le monde pour le Seigneur. Cela est possible selon le tableau ci-dessus. On peut le faire en trente-quatre ans. Veux-tu entreprendre la plus grande chose dans le monde pour Dieu ? La voici devant toi, et le secret, c'est la formation des disciples.

En l'an un, tu saisis cette vision et tu te consacres au Seigneur à être tout ce pour quoi Il t'a sauvé et tout ce qu'Il veut que tu sois. En l'an deux, tu fais ton premier disciple et lui enseignes à faire des disciples. Tu te retires de toutes les autres activités religieuses et te consacres totalement au Seigneur et à ton disciple. On peut alors accomplir un grand travail en une année.

Il se peut que tu dises qu'une année est une trop courte période pour former un disciple et lui enseigner à faire des disciples. Examinons le tableau suivant qui s'assure que toute l'œuvre est accomplie en soixante-sept ans.

1	1
3	2
5	4
7	8
9	16
11	32
13	64
15	128
17	256
19	512
21	1 024
23	2 048
25	4 096
27	8 192
29	16 384
31	32 768
33	65 536

35 ....131 072
37 ....262 144
39 ....524 288
41 ....1 048 576
43 ....1 048 576
45 ....4 194 304
47 ....8 388 608
49 ....16 777 216
51 ....33 554 432
53 ....67 108 864
55 ....134 217 728
57 ....268 435 456
59 ....536 870 912
61 ....1 073 741 824
63 ....2 147 483 648
65 ....4 294 967 296
67 ....8 589 934 592

Vois-tu que si tu appliques ce plan et que Dieu Te permets de vivre pendant soixante-sept ans, alors tu peux achever l'œuvre ? Même si tu vivais seulement pendant quarante et un ans en plus, tu laisserais derrière toi plus d'un million de disciples ! C'est là une idée merveilleuse !

Voici un autre plan pour quelqu'un qui applique la méthode qui prend trois ans pour faire un disciple et enseigner au disciple à faire des disciples.

```
1 .....................1
4 .....................2
7 .....................4
10 ....................8
13 ....................16
16 ....................32
19 ....................64
22 ....................128
25 ....................256
28 ....................512
31 ....................1 024
34 ....................2 048
37 ....................4 096
40 ....................8 192
43 ....................16 384
46 ....................32 768
49 ....................65 536
52 ....................131 072
55 ....................262 144
58 ....................524 288
61 ....................1 048 576
64 ....................2 097 152
67 ....................4 194 304
70 ....................8 388 608
73 ....................16 777 216
76 ....................33 554 432
79 ....................67 108 864
82 ....................134 217 728
85 ....................268 435 456
```

88 ....536 870 912
91 ....1 073 741 824
94 2147483648
97 4294967296
100 8589934592

Tu peux demander au Seigneur de te laisser vivre pendant cent ans pour accomplir toute l'œuvre! La première année est utilisée pour la préparation. Après cela, trois années sont investies à former un disciple et à enseigner à ce disciple à faire d'autres disciples.

Es-tu maintenant convaincu que la seule manière d'accomplir la grande commission du Seigneur est de faire des disciples? Je vais te montrer un autre tableau.

Prenons pour acquis qu'il faut cinq ans pour former un disciple. Évidemment ceci est un temps très long. Voici comment se présenteraient les choses:

1 1
6 2
11 4
16 8
21 16
26 32
31 64
36 128
41 256
46 512

51 ....1 024
56 ....2 048
61 ....4 096
66 ....8 192
71 ....16 384
76 ....32 768
81 ....65 536
86 ....131 072
91 ....262 144
96 ....524 288
101 ....1 048 576
106 ....2 097 152
111 ....4 194 304
116 ....8 388 608
121 ....16 777 216
126 ....33 554 432
131 ....67 108 864
136 ....134 217 728
141 ....268 435 456
146 ....536 870 912
151 ....1 073 741 824
156 ....2 147 483 648
161 ....4 294 967 296
166 ....8 589 934 592

Ce tableau montre que même à une vitesse très lente où il faut cinq ans pour faire un disciple et lui enseigner à faire d'autres disciples, la conquête d'une population qui est presque le double de la population mondiale actuelle est faisable. Qu'en serait-il si tu n'avais que cinquante et un ans à vivre? Tu laisserais tout de même derrière toi à peu près plus de mille disciples. Tu t'en irais auprès du Seigneur ayant cette assurance que tu as obéi au Seigneur, que la tâche sera rapidement achevée, et que bientôt tu entendras la voix du Seigneur et ressusciteras pour Le rencontrer.

Je crois fermement que ce que nous sommes en train de dire ici montre la nécessité de rejeter toutes les choses qui distraient le disciple, afin de faire de la formation des disciples l'unique préoccupation de la vie.

4 - LE CONCEPT DE LA MULTIPLICATION

Dans toute la création, il est évident que Dieu a voulu que les choses s'accroissent principalement à travers le processus de la multiplication. La Bible dit: « *Dieu créa les grands poissons et tous les animaux vivants qui se meuvent, et que les eaux produisirent en abondance selon leur espèce ; il créa aussi tout oiseau ailé selon son espèce. Dieu vit que cela était bon. Dieu les bénit en disant: Soyez féconds, multipliez, et remplissez les eaux des mers, et que les oiseaux se multiplient sur la terre* » (Genèse 1:21-22).

La Bible dit encore: « *Dieu créa l'homme à son image, il le créa à l'image de Dieu, il créa l'homme et la femme. Dieu les bénit, et Dieu leur dit: Soyez féconds, multipliez, remplissez la terre, et l'assujettissez ; et dominez sur les poissons de la mer* » (Genèse 1:27-28).

Dieu fut obligé d'exterminer la création initiale à travers le déluge. Cependant, Il préserva Noé et sa famille et des spécimens de tous les êtres vivants. La Bible dit: « *Ils entrèrent dans l'arche auprès de Noé, deux à deux, de toute chair, ayant souffle de vie. Il en entra, mâle et femelle, de toute chair, comme Dieu l'avait ordonné à Noé. Puis l'Éternel ferma la porte sur lui* » (Genèse 7:15-16). À partir de ceux-ci, et à travers le processus de multiplication, le monde fut rempli de nouveau à travers le processus de multiplication, le monde fut rempli de nouveau.

Dans l'Église primitive, la Bible dit : « *Et la parole de Dieu croissait, et le nombre de disciples se multipliait beaucoup dans Jérusalem et une grande foule de sacrificateurs obéissaient à la foi* » (Actes 6:7, version Darby). Après la conversion de Saul de Tarse, la Bible dit : « *L'Église était en paix dans toute la Judée, la Galilée et la Samarie, s'édifiant et marchant dans la crainte du Seigneur, et elle s'accroissait par l'assistance du Saint-Esprit* » (Actes 9:31).

Dans une famille humaine, Dieu commence par un homme et une femme et ces deux produisent peut-être quatre enfants et ainsi de suite. Ainsi la multiplication prend origine dans la pensée même de Dieu. C'est la manière dont Il a voulu que les choses se passent.

LA MULTIPLICATION ET L'ADDITION

Ce sont là les deux procédés qui conduisirent à l'accroissement des membres dans l'Église primitive. Il y avait le procédé de la multiplication, comme nous l'avons vu ci-dessus, et il y avait le procédé de l'addition. La Bible dit : « *Ceux qui reçurent de bon cœur sa parole furent baptisés, et, en ce jour-là, le nombre des disciples s'augmenta d'environ trois mille âmes* » (Actes 2:41). La Bible dit encore : « *Et le Seigneur ajoutait chaque jour à l'Église ceux qui étaient sauvés* » (Actes 2:47).

Le Seigneur ajoute à l'Église, mais les disciples doivent se multiplier. Dieu veut que nous nous multipliions. Considère les exemples de deux personnes : une qui évangélise et ne forme pas des disciples et amène ainsi 365 personnes dans le royaume chaque année, et une autre qui fait des disciples, au bout d'environ 15 ans.

L'addition		La multiplication	
L'an	1............366	L'an	1............2
	2............731		2............4
	3............1 096		3............8
	4............1 461		4............16
	5............1 726		5............32
	6............2 091		6............64
	7............2 456		7............128
	8............2 821		8............256
	9............3 186		9............512
	10...........3 551		10...........1 024
	11...........3 916		11...........2 048
	12...........4 281		12...........4 096
	13...........4 646		13...........8 192
	14...........5 011		14...........16 384
	15...........5 376		15...........32 768

Les résultats sont évidents. Le choix est le tien.

Si tu veux 5376, ajoute.

Si tu veux 32 768, multiplie-toi !

5 - DES PROBLÈMES INUTILES SONT ÉVITÉS

Un problème que quiconque œuvre pour le Seigneur rencontre bientôt est celui d'organisation. Souvent, l'organisation étouffe la vie. Dans la formation des disciples, les problèmes d'organisation sont réduits au minimum. Prenons par exemple le problème des autorisations. Une assemblée de disciples n'a besoin d'aucune autorisation pour exister. Elle est à peine existante aux yeux de l'homme. Ainsi, ce problème est évité et les divisions qui surviennent avec les attachements confessionnels sont éliminées.

Un autre problème qui sera évité est celui des grands bâtiments. Du fait que les disciples se réunissent dans des maisons, il ne sera pas nécessaire d'acheter des terrains et d'y construire des structures grandes et coûteuses pour les réunions. Comme nous l'avons vu avant, il n'y avait pas de bâtiments construits comme lieux de réunions pour les disciples au cours des 170 premières années de la vie de l'Église. Les bâtiments sont venus avec le déclin spirituel.

Un autre problème qui est évité a rapport avec le jour où surviendra la dure persécution. Les disciples se rencontreront dans une maison et décideront d'où et quand sera la prochaine réunion. Ils pourront se rencontrer à n'importe quelle heure de la journée. Cela pourra être à 6 heures. Cela pourra être à minuit. Chaque faiseur de disciple connaîtra ses disciples dans les détails. Il fera juste circuler un mot de passe pour indiquer le lieu et l'heure de la réunion. L'ennemi viendra chercher les frères dans la maison où était la dernière réunion et à l'heure à laquelle elle avait lieu. Il y attendra les frères en vain et se rendra ensuite compte que les choses ont changé. Cela pourra prendre du temps avant que le nouveau lieu de réunion soit découvert, et de cette manière, les disciples peuvent surmonter le temps de la grande persécution.

Un autre problème qui sera évité est celui des faux frères et des rétrogrades. Quand une personne en rencontre une autre sur la base du « un par un », il est facile de discerner la condition spirituelle de son partenaire. S'il n'appartient pas au Seigneur, ou bien s'il a rétrogradé, ce sera clairement évident. Aussi, sur la base du « un par un », il sera facile d'évaluer quel progrès une personne est en train de faire, ce qu'elle a compris, combien de ce qu'on lui a enseigné est devenu vie pour elle, où se situent ses problèmes, etc. Ceux qui ne pouvaient pas grandir rapidement par manque de soins dû au grand nombre de personnes dans l'assemblée, recevront une attention personnelle et s'épanouiront.

Un autre problème qui sera évité est le temps passé à conseiller des gens qui ne veulent pas aller loin avec Dieu. Là où on forme des disciples, celui qui refuse de devenir un disciple, probablement à cause d'un cœur divisé, sera complètement laissé de côté. De grosses sommes d'argent qui sont gaspillées à cause de grandes organisations seront épargnées et investies dans un domaine plus pertinent du royaume.

6 - UNE SOCIÉTÉ PEUT LENTEMENT ÊTRE GAGNÉE POUR CHRIST SANS BEAUCOUP DE BRUIT QUI ALARME L'ENNEMI

Si un homme et sa femme s'installent dans une ville et commencent à faire des disciples, si la première année les deux établissent la fondation de l'église dans ce lieu par le jeûne et la prière, ils pourront conduire alors deux personnes au Seigneur; peut-être un homme et sa femme, aussi. Au cours de l'année suivante, le couple A enseigne au couple B comment grandir dans le Seigneur et faire des disciples. En l'an trois, ces quatre disciples qui sont capables de conduire les gens au Seigneur, reprendront le même procédé et ceci aboutira à huit disciples, ensuite seize, trente-deux, soixante-quatre, cent vingt-huit et ainsi de suite. En six ans, il y aura cent vingt-huit disciples sans toutes les dépenses qui accompagnent les grandes campagnes d'évangélisation et les choses de ce genre. L'œuvre grandira calmement, l'ennemi ne sera pas très alarmé et, lentement, elle sera fermement établie dans le lieu, et avant que les gens s'en rendent vraiment compte, il y aura une œuvre solide fondée sur la formation des disciples, une œuvre qui ne peut être détruite.

La grande partie de l'évangélisation sera faite au niveau personnel. Elle sera alors profonde et ce sera aussi une communication de vie et non juste des mots. Prenons par exemple un disciple qui doit rendre témoignage à ses collègues et les amener au Seigneur Jésus. Il devra d'abord vivre son message et être testé de façon quotidienne par ses auditeurs avant qu'ils ne le prennent au sérieux. Ceci prendra certainement un long temps à présenter L'Évangile en le vivant et non juste comme une doctrine qu'il faut vivre. Nous avons prouvé dans notre propre expérience que l'Évangile vécu a un impact plus grand et plus durable que l'Évangile prêché lors d'une réunion. Il y a cette bénédiction supplémentaire : celui qui croit sera fait disciple et ne sera pas juste laissé à lui-même comme un enfant abandonné après la naissance.

Plusieurs des problèmes que suscite la proclamation de l'Évangile résultent de beaucoup de bruit au nom des campagnes d'évangélisation, qui n'aboutissent pas à des vies transformées. Nous n'oserons pas continuer de cette manière dans le futur !

CHAPITRE 3

LE SEIGNEUR JÉSUS :
LE SUPRÊME FAISEUR
DE DISCIPLES

1- IL ÉTAIT CE QU'IL VOULAIT QUE LES DISCIPLES SOIENT

Le Seigneur Jésus fut le Suprême Faiseur de disciples. Il établit le standard pour tous les futurs disciples et futurs faiseurs de disciples. Nous avons souligné neuf conditions pour quelqu'un qui veut réellement être un disciple. Nous allons brièvement les examiner et nous verrons que le Seigneur Jésus les a toutes remplies.

1.1 - Il aimait le Père de façon suprême et Son amour fut manifesté dans l'obéissance incontestée.

Il dit : « *Je ne puis rien faire de moi-même : selon ce que j'entends, je juge, et mon jugement est juste, parce que je ne cherche pas ma volonté, mais la volonté du Père qui m'a envoyé* » (Jean 5:30). Il dit encore : « *En vérité, en vérité, je vous le dis, le Fils ne peut rien faire de lui-même, il ne fait que ce qu'il voit faire au Père ; et tout ce que le Père fait, le Fils aussi le fait pareillement* » (Jean 5:19). Le Seigneur dit encore : « *Je t'ai glorifié sur la terre, j'ai achevé l'œuvre que tu m'as donnée à faire* » (Jean 17:4).

1.2 - Il aimait les frères d'une manière suprême

La Bible dit de lui : « *Avant la fête de Pâque, Jésus, sachant que son heure était venue de passer de ce monde au Père, et ayant aimé les siens qui étaient dans le monde, mit le comble à son amour pour eux* » (Jean 13:1). Il dit aux onze apôtres ; « *Je vous donne un commandement nouveau : Aimez-vous les uns les autres ; comme je vous ai aimés, vous aussi, aimez-vous les uns les autres* » (Jean 13:34). « *C'est ici mon commandement : Aimez-vous les uns les autres, comme je vous ai aimés. Il n'y a pas de plus grand amour que de donner sa vie pour ses amis* » (Jean 15:12-13). L'apôtre dit : «...*Christ a aimé l'Église, et s'est livré lui-même pour elle* » (Éphésiens 5:25).

1.3 - Il était « séparé » de Sa famille

Il était séparé d'elle pour être à Son Père céleste, et Il porta les marques de cette séparation toute Sa vie. Même dans Son jeune âge, à douze ans, Il Se retira loin de Ses parents sans leur permission préalable, et, quand on Le questionna à ce sujet, Il répondit le plus naturellement : « *Pourquoi me cherchiez-vous ? Ne saviez-vous pas qu'il faut que je m'occupe des affaires de mon Père ?* » (Luc 2:49).

Plus tard, quand Il avait commencé Son ministère public, la Bible dit : « *La mère et les frères de Jésus vinrent le trouver ; mais ils ne purent l'aborder, à cause de la foule. On lui dit : ta mère et tes frères sont dehors, et ils désirent te voir. Mais il répondit : Ma mère et mes frères, ce sont ceux qui écoutent la parole de Dieu, et qui la mettent en pratique* » (Luc 8:19-21).

Bien qu'Il fût séparé de Sa famille, sur la croix, Il S'arrêta pour léguer Sa mère à Jean, afin qu'il fût un fils pour elle et elle une mère pour Lui. De cette manière Il pourvut à son besoin pour le futur, lorsqu'Il serait rentré vers Son Père.

1.4 - Il Se sépara de Lui-Même

Le fait qu'Il n'ait rien accompli à Son propre compte et rien de Sa propre initiative, mais uniquement la volonté du Père, parle d'une séparation totale et radicale de Sa propre volonté. Dans les ténèbres de Géthsémané, Son cri fut : « *Non pas ma volonté, mais la tienne.* » L'apôtre dit : « *Lequel, existant en forme de Dieu, n'a point regardé comme une proie à arracher d'être égal avec*

Dieu, mais s'est dépouillé Lui-même, en prenant une forme de serviteur, en devenant semblable aux hommes » (Philippiens 2:6-7). Oui, le Seigneur S'est dépouillé Lui-même. Il ne s'est pas dépouillé Lui-même du « moi ». Il n'avait pas de moi égoïste dont il fallût Se dépouiller. Il Se dépouilla Lui-même de Sa gloire. Il mit de côté tout ce qu'Il était, de droit, en tant que Dieu.

Il demanda que ceux qui viendraient après Lui se chargent de leurs croix et Le suivent. Il était certainement prêt à prendre les devants sur la voie où devaient aboutir les disciples portant leur croix.

1.5 - Il porta la croix. Il souffrit

Il dit : « *Si le monde vous hait, sachez qu'il m'a haï avant vous* » (Jean 15:18). « *Souvenez-vous de la parole que je vous ai dite : Le serviteur n'est pas plus grand que son maître. S'ils m'ont persécuté, ils vous persécuteront aussi ; s'ils ont gardé ma Parole, ils garderont aussi la vôtre* » (Jean 15:20).

Le Seigneur avait souffert la persécution durant tout son ministère, et finalement, mourut à l'issue de la crucifixion. Il invite le disciple non à une théorie, mais à un chemin rude, qu'Il a une fois foulé.

1.6 - Il renonça à tout

Jésus avait réellement beaucoup de choses auxquelles Il devait renoncer. Il avait la gloire du ciel. Il y renonça. Il avait Son droit en tant que Dieu. Il renonça à cela. La Bible nous dit davantage : « *Car vous connaissez la grâce de notre Seigneur Jésus-Christ, qui pour vous s'est fait pauvre de riche qu'Il était, afin que par sa pauvreté vous fussiez enrichis* » (2 Corinthiens 8:9).

Le Seigneur n'avait pas renoncé à tout parce qu'il y avait quelque chose de mauvais dans Sa possession. Il renonça à tout, afin d'accomplir un but qui ne pouvait pas être accompli sans la renonciation à tout. Il était si anxieux de nous voir enrichis qu'Il laissa tomber Ses propres richesses ; car elles obstruaient Sa voie pour nous rendre riches. Nul ne peut réellement abandonner une chose à moins que cette chose se tienne réellement sur la voie d'une autre chose grandement désirée. Ce n'est qu'à ce moment qu'il pourra mettre de côté la plus petite chose, afin d'obtenir la plus grande. À moins qu'une personne voie que gagner le monde à Christ est de loin plus important que vivre dans le luxe, elle ne renoncera à rien de tout son cœur. Dans un sens, renoncer à tout est le fruit d'une révélation. Quand Dieu ouvre les yeux d'une personne et lui révèle la grandeur de Christ et comment Christ estime les âmes qui doivent être sauvées, la personne renoncera facilement à tout. La clef, c'est la révélation. Jésus avait vu, et ainsi avait renoncé à tout. Son renoncement était profond. Il dit au scribe qui était en train d'évaluer la possibilité de Le suivre : « *Les renards ont des tanières, et les oiseaux du ciel ont des nids ; mais le Fils de l'homme n'a pas où reposer sa tête* » (Matthieu 8:20).

Il avait la nourriture et le vêtement. Les femmes qui Le suivaient pourvoyaient à Sa nourriture et à Son habillement. Les soldats avaient même tiré Sa tunique au sort. Il était satisfait de la nourriture et du vêtement et Il dit à Ses disciples d'être semblables à Lui. L'apôtre Paul dit : « *Si donc nous avons la nourriture et le vêtement, cela nous suffira* » (1 Timothée 6:8).

1.7 - Il était la parole, et Il était dans la parole

Quand le diable vint l'attaquer, Il utilisa la Parole pour le déclasser. Il déclara au diable : « *Il est écrit* ». Après Sa résurrection, il nous est dit : « *Et, commençant par Moïse et par tous les prophètes, il leur expliqua dans toutes les Écritures ce qui le concernait* » (Luc 24:27).

Il vécut la Parole. La Parole dit à Son sujet : « *Je frapperai le berger, et les brebis du troupeau seront dispersées* » (Matthieu 26:31). Il obéit à cette Parole en Se livrant à la mort sur la croix. Il connaissait la Parole. Il y obéissait et l'enseignait.

1.8 - Il porta beaucoup de fruit

Tous les aspects du caractère tels que Dieu les voulait étaient pleinement manifestés en Lui. Le fruit de l'Esprit :

- l'amour
- la joie
- la patience
- la bénignité
- la bonté
- la fidélité
- la douceur
- la tempérance,

étaient tous pleinement développés en Lui.

Le fruit du service dans la puissance du Saint-Esprit était aussi abondamment manifesté en Lui. Il y a des multitudes dans le royaume aujourd'hui. Seul un petit nombre semblait avoir été fidèle au moment où Il mourut et ressuscita ; mais parce qu'Il avait fait des disciples, Son œuvre a continué.

Il ne perdit aucun de ceux que le Père Lui avait donnés. Il les garda dans la vérité. Que l'auteur puisse écrire sur ces choses aujourd'hui environ deux mille ans depuis qu'Il avait été dans ce monde, témoigne du succès de Son œuvre pleine de fruit. Gloire soit au Seigneur !

1.9 - Il était sans péché

Il était absolument sans péché. La Bible dit : « *Car nous n'avons pas un souverain sacrificateur qui ne puisse compatir à nos faiblesses ; au contraire, Il a été tenté comme nous en toutes choses, sans commettre de péché* » (Hébreux 4:15).

Tous ceux qui veulent faire des disciples doivent, comme le Faiseur de disciples en chef, remplir les conditions pour devenir et continuer en tant que disciple ! Il n'est pas possible de faire de quelqu'un ce que toi-même tu as refusé de devenir.

2 - IL FORMA DES DISCIPLES

Le Seigneur Jésus forma des disciples. Sa formation de disciples engloba ce qui suit :

1. Il avait en pensée un but clair.
2. Il amena des perdus à Lui-même et fit d'eux des disciples potentiels.
3. Il sélectionna de la foule qui Le suivait ceux qui devaient devenir Ses disciples.
4. Il Se donna totalement à ceux dont Il voulait faire des disciples.

5. Il leur enseigna la vérité spirituelle.

6. Il aida Ses disciples à expérimenter la vérité qu'Il leur avait enseignée.

7. Il les envoya pour des sessions pratiques.

8. Il les enseigna après les sessions pratiques.

9. Il les commissionna lorsque leur formation fut achevée. Nous allons examiner brièvement chacun de ces neuf points.

2.1 - Il avait un but clair en pensée.

Pourquoi Jésus a-t-Il formé des disciples ? Voulait-Il juste avoir un système de faire les choses ? Avait-il une raison de faire des disciples ? Nous pouvons trouver les réponses à ces questions en considérant les premières et les dernières paroles de Son ministère terrestre.

Matthieu présente les premières paroles de son ministère terrestre : « *Repentez-vous, car le royaume des cieux est proche* » (Matthieu 4:17). Les dernières paroles furent : « *Tout pouvoir m'a été donné dans le ciel et sur la terre. Allez, faites de toutes les nations des disciples, les baptisant au nom du Père, du Fils et du Saint-Esprit, et enseignez-leur à observer tout ce que je vous ai prescrit. Et voici, je suis avec vous tous les jours, jusqu'à la fin du monde* » (Matthieu 28:18-20).

Marc présente les premières paroles de Son ministère public comme suit : « *Le temps est accompli, et le royaume de Dieu est proche. Repentez-vous, et croyez à la bonne nouvelle* » (Marc 1:15). Les dernières paroles du Seigneur furent : « *Allez par tout le monde, et prêchez la bonne nouvelle à toute la création. Celui qui croira et qui sera baptisé sera sauvé, mais celui qui ne croira pas sera condamné. Voici les miracles qui accompagneront ceux qui auront cru : en mon nom, ils chasseront les démons ; ils parleront de nouvelles langues ; ils saisiront des serpents ; s'ils boivent quelque breuvage mortel, il ne leur fera point de mal ; ils imposeront les mains aux malades et les malades, seront guéris* » (Marc 16:15-18).

Luc présente les paroles suivantes comme étant les premières de Son ministère public : « *L'Esprit du Seigneur est sur moi, parce qu'il m'a oint pour annoncer une bonne nouvelle aux pauvres ; il m'a envoyé pour guérir ceux qui ont le cœur brisé, pour proclamer aux captifs la délivrance, et aux aveugles le recouvrement de la vue, pour renvoyer libres les opprimés, pour publier une année de grâce du Seigneur* » (Luc 4:18-19). Les dernières paroles furent : « *Ainsi il est écrit que le Christ souffrirait, et qu'il ressusciterait des morts le troisième jour, et que la repentance et le pardon des péchés seraient prêchés en son nom à toutes les nations, à commencer par Jérusalem. Vous êtes témoins de ces choses. Et voici, j'enverrai sur vous ce que mon Père a promis ; mais vous, restez dans la ville jusqu'à ce que vous soyez revêtus de la puissance d'en haut* » (Luc 24:46-49).

À partir de ces sources, nous pouvons tirer les conclusions suivantes :

1. Jésus voulait que tout le monde entende l'Évangile.
2. Il voulait que ceux qui écoutent l'Évangile se repentent et croient à l'Évangile.
3. Il voulait que ceux qui croient deviennent l'habitation du royaume de Dieu sur terre.
4. Ces gens du royaume devaient aller, et en atteignant d'autres personnes, produire d'autres gens du royaume.

Nous pouvons dire que le but de Jésus était de produire d'autres qui soient comme Lui, plusieurs « mini-Jésus » qui allaient œuvrer pour s'assurer que la volonté de Dieu soit faite sur la terre comme au ciel. Il voulait avoir des gens de qui Il pouvait dire : « *Comme le Père m'a envoyé, moi aussi, je vous envoie* » (Jean 20:21). Ainsi, le but de Jésus dans la formation des disciples était de produire ceux de qui Il pouvait dire : « COMME LE PÈRE M'A ENVOYÉ, MOI AUSSI JE VOUS ENVOIE. »

Le Seigneur a parlé du royaume de Dieu. Son but dans la formation des disciples était de produire ceux qui règneront avec Lui dans le royaume. Si le Seigneur voulait des gens qu'Il pouvait envoyer comme le Père L'avait envoyé ; qui régneraient avec Lui dans Son royaume de gloire, il est donc évident qu'Il pensait à des croyants mûrs, et non à des bébés spirituels. Il pensait à des gens murs qui sont capables, même maintenant, de diriger les affaires du royaume sur terre. Jésus forma donc des disciples en ayant ce but en vue.

2.2 - Il amena des hommes perdus à Lui et fit d'eux des disciples potentiels.

Jésus était un Maître Évangéliste. Il cherchait les perdus et leur communiquait intelligemment l'Évangile. Il évangélisait les foules. Il évangélisait aussi de petits groupes et des individus. Examinons brièvement une de Ses rencontres évangéliques ; car, on y apprendra beaucoup sur la manière dont le disciple doit rendre témoignage. L'histoire est relatée dans le chapitre 4 de Jean. Il s'agit de la conversion de la femme samaritaine.

1. Le Seigneur commença avec la femme au point où elle était. Il débuta par des choses naturelles, et arriva aux choses

surnaturelles. Il commença par des choses terrestres pour arriver aux choses célestes.

2. Le Seigneur établit un contact avec elle. Il était au puits. Elle aussi était venue au puits. Il devait attirer son attention. Il fit ce qui est inhabituel. Lui, un Juif, lui demanda, à elle une Samaritaine, de l'eau. Ceci la poussa à parler. À moins que quelqu'un parle, il est difficile de communiquer avec la personne. Du fait qu'Il lui demanda à boire, Il la mit en position de poser une question. En posant la question, elle était en train de s'ouvrir.

3. Le Seigneur répondit à la question d'une manière qui suscita en elle la faim et le désir pour ce que le Seigneur allait lui donner. Il lui dit : « *Si tu connaissais le don de Dieu et qui est celui qui te dit : Donne-moi à boire ! Tu lui aurais toi-même demandé à boire, et il t'aurait donné de l'eau vive* » (Jean 4:10). Le disciple chrétien doit créer une faim chez les autres au sujet de ce qu'il possède en lui, sinon, il parviendra difficilement à amener les gens au Seigneur ! Une personne brûlant des mêmes passions qui brûlent dans les Cœurs des gens du monde n'amènera pas les non-croyants au Seigneur. Comment amènera-t-il les autres à ce Seigneur, qui ne l'a pas satisfait ? Si sa vie est un scandale, comment les gens voudront-ils être comme Lui ? Pour créer un désir chez les autres, la personne doit ressembler au Seigneur dans le caractère. Il n'y a pas de substitut à cela !

4. L'évidence que le désir avait été créé chez la femme est prouvée par la question qu'elle posa : « Seigneur, tu n'as rien pour

puiser, et le puits est profond ; d'où aurais-tu donc cette eau vive ? Es-tu plus grand que notre père Jacob, qui nous a donné ce puits, et qui en a bu lui-même, ainsi que ses fils et ses troupeaux ? »

5. Le Seigneur perçut que bien qu'il y eût un désir, il n'était pas assez profond. Elle continua à poser des questions qui n'indiquaient pas le fait qu'elle était anxieuse de recevoir ce que le Seigneur avait à donner. Le Seigneur décida d'intensifier sa faim. Il lui dit : « *Quiconque boit de cette eau aura encore soif ; mais celui qui boira de l'eau que je lui donnerai n'aura jamais soif, et l'eau que je lui donnerai deviendra en lui une source d'eau qui jaillira jusque dans la vie éternelle* » (Jean 4:13-14).

6. Par ces paroles, le Seigneur créa une grande faim. Le Seigneur n'avait plus besoin de demander : « Veux-tu avoir de cette eau ? » La femme elle-même dit : « *Seigneur, donne-moi de cette eau, afin que je n'aie plus soif, et que je ne vienne plus puiser ici* » (Jean 4:15).

7. Maintenant que la femme avait faim et désirait ce que Jésus devait donner, le Seigneur sut alors que c'était le moment de lui exposer son péché, afin qu'il soit traité de manière radicale, car il ne pouvait laisser de côté l'affaire de son péché.

8. En exposant son péché, le Seigneur aborda cela avec tact pour S'assurer que le terrain qu'Il avait gagné par la communication était maintenu. Il lui demanda de faire une chose simple. Parce que son problème se trouvait dans le domaine des hommes, Il lui dit simplement : « Va, appelle ton mari, et viens ici ». Cela semblait naturel que le Seigneur lui

demande d'appeler son mari. Elle avait dû se dire : « Il veut donner cette eau à mon mari et à moi, c'est pourquoi Il veut qu'il vienne. Je vais Lui dire que je n'ai pas de mari et Il me donnera de l'eau. » Elle lui répondit donc : « Je n'ai point de mari ».

9. Le Seigneur lui exposa son péché de manière totale. Il lui dit : « *Tu as eu raison de dire : Je n'ai point de mari. Car tu as eu cinq maris, et celui que tu as maintenant n'est pas ton mari. En cela tu as dit vrai* » (Jean 4:17-18). Jésus utilisa le don spirituel appelé « une parole de connaissance », dans cette phase de Son entretien avec elle. Cela L'aida. Les dons spirituels ont beaucoup d'influence dans le ministère d'évangélisation. Le Seigneur Jésus donna la grande commission dans Marc 16:15-16. Il ajouta que les signes (miracles) accompagneront ceux qui croiront. La Bible dit effectivement que les premiers disciples s'en allèrent prêcher partout. « *Le Seigneur travaillait avec eux, et confirmait la parole par les miracles qui l'accompagnaient* » (Marc 16:20). Dans d'autres situations, Le Seigneur utilisa soit les dons de guérisons, soit les dons d'opérer les miracles pour confirmer Son message évangélique. Les disciples ont besoin de ces dons pour leur œuvre aujourd'hui.

10. Jésus ne lui dit pas : « Tu es en train de vivre dans l'adultère flagrant ». Il dit la même chose en d'autres termes. Il lui dit : « Tu vis avec un sixième homme qui n'est pas ton mari ». Elle comprit parfaitement bien que le Seigneur était en train de dire qu'elle pratiquait activement l'adultère.

11. La femme ne voulait pas faire face à son péché, quoiqu'il fût clairement exposé. Elle se mit plutôt à faire du bruit religieux : « *Seigneur, lui dit la femme, je vois que tu es prophète. Nos pères ont adoré sur cette montagne ; et vous dites, vous, que le lieu où il faut adorer est à Jérusalem* » (Jean 4:19-20).

12. Tout étant maintenant prêt, le Seigneur lui prêcha : « *Femme, lui dit Jésus, crois-moi, l'heure vient où ce ne sera ni sur cette montagne ni à Jérusalem que vous adorerez le Père. Vous adorez ce que vous ne connaissez pas ; nous, nous adorons ce que nous connaissons, car le salut vient des Juifs. Mais l'heure vient, et elle est déjà venue, où les vrais adorateurs adoreront le Père en esprit et en vérité ; car ce sont là les adorateurs que le Père demande. Dieu est esprit, et il faut que ceux qui l'adorent l'adorent en esprit et en vérité* » (Jean 4:21-24). Le Seigneur était en train de dire : « La chose importante n'est pas ta dénomination. Laisse cela de côté - laisse de côté cette montagne de Jérusalem. La vraie adoration est basée sur trois éléments :

    (1) la connaissance

    (2) la vérité et

    (3) elle est en esprit. »

13. Cette adoration n'est pas le fruit d'une organisation humaine. C'est le fruit du flot du Saint-Esprit à travers l'esprit humain. Oui, ceux qui adorent le Seigneur doivent L'adorer en esprit et en vérité. La vraie adoration est fondamentalement une fonction du Saint-Esprit à travers l'esprit humain, et ceux qui Le connaissent peuvent L'adorer n'importe où. la femme fut conduite par le Saint-Esprit à voir son besoin du Messie. Elle dit au Seigneur : « Je sais que le Messie

doit venir (celui qu'on appelle Christ)*; quand il sera venu, il nous annoncera toutes choses* » (Jean 4:25). Si elle n'avait pas été amenée à voir qu'elle avait besoin du Messie, rien d'important n'aurait été accompli pour son salut. Maintenant, elle vit qu'elle avait besoin de Lui et tout était prêt pour la prochaine étape que le Seigneur aborda gracieusement en lui disant : « *Je le suis, moi qui te parle* » (Jean 4:26).

14. Elle crut, car lorsque les yeux des gens sont ouverts par le Saint-Esprit pour voir leur besoin du Messie, et quand Il leur est présenté, ils croient effectivement. Elle laissa sa cruche d'eau aux pieds de Jésus, alla dans son village et rendit un témoignage fructueux au fait que Jésus était le Messie.

Tous ceux qui croient réellement abandonnent leurs anciennes voies et s'en vont dire ce que Dieu a fait pour eux. On n'a pas besoin de les y pousser. La puissance de la découverte que Jésus est le Messie et la joie d'abandonner à Ses pieds tous les péchés passés et les fardeaux leur donnent une impulsion pour l'évangélisation que nul ne peut arrêter.

Le Seigneur amena d'autres personnes à Lui-même. Il amena Pierre et André, Jacques et Jean, Marie de Magdala, et tous les autres à Lui-même, y inclus les foules qui L'avaient suivi pour un moment. Il est le Maître Évangéliste. Il m'a amené à Lui-même il y a vingt ans. Il est encore dans l'entreprise de gagner des âmes. Il est l'exemple suprême. Il devrait être imité.

2.3 - Il sélectionna de la foule qui le suivait ceux qui devaient être Ses disciples.

Comme nous avons déjà dit, le Seigneur Jésus voulait avoir des gens de qui Il pouvait dire : « *Comme le Père m'a envoyé, moi aussi je vous envoie* ». Il devait alors les sélectionner. La Bible montre déjà clairement que ce n'était pas tous ceux qui Le suivaient qui Lui appartenaient réellement. Par exemple, l'apôtre Jean écrit : « *Pendant que Jésus était à Jérusalem, à la fête de Pâque, plusieurs crurent en son nom, voyant les miracles qu'il faisait. Mais Jésus ne se fiait point à eux, parce qu'il les connaissait tous, et parce qu'il n'avait pas besoin qu'on lui rendît témoignage d'aucun homme ; car il savait lui-même ce qui était dans l'homme* » (Jean 2:23-25). À certains qui Le cherchaient, Il dit : « *En vérité, en vérité, je vous le dis, vous me cherchez, non parce que vous avez vu des miracles, mais parce que vous avez mangé des pains et que vous avez été rassasiés. Travaillez, non pour la nourriture qui périt, mais pour celle qui subsiste pour la vie éternelle, et que le Fils de l'homme vous donnera ; car c'est Lui que le Père, que Dieu a marqué de Son sceau* » (Jean 6:26-27). À une occasion, Jésus enseigna en disant : « *Comme le Père qui est vivant m'a envoyé, et que je vis par le Père, ainsi celui qui me mange vivra par moi. C'est ici le pain qui est descendu du ciel. Il n'en est pas comme de vos pères qui ont mangé la manne et qui sont morts : Celui qui mange ce pain vivra éternellement. Jésus dit ces choses dans la synagogue, enseignant à Capernaüm. Plusieurs de ses disciples, après l'avoir entendu, dirent : Cette parole est dure ; qui peut l'écouter ? Jésus, sachant en lui-même que ses disciples murmuraient à ce sujet, leur dit : cela vous scandalise-t-il ? Et si vous voyez le Fils de l'homme monter où il était auparavant ?.. C'est l'esprit qui vivifie ; la chair ne sert de rien. Les paroles que je vous ai dites sont esprit et vie. Mais il en est parmi vous quelques-uns qui ne croient point. Car Jésus savait dès le commencement qui étaient ceux qui ne croyaient point, et qui était celui qui le livrerait. Et il ajouta : C'est pourquoi je vous ai dit que nul ne peut venir à moi, si cela ne lui a été donné par le Père. Dès ce moment, plusieurs de ses disciples se retirèrent, et ils n'allaient plus avec Lui »* (Jean 6:57-66). Ceux qui avaient entendu le Seigneur Jésus pouvaient être classés dans les groupes suivants :

a) Ceux qui rejetèrent dès le début ce qu'Il leur disait. Ils se retirèrent.

b) Ceux qui crurent en Lui pour une raison ou une autre et Le suivirent pour une raison ou une autre, tant qu'ils étaient en sécurité ou tant qu'ils pouvaient soutirer ce qu'ils voulaient de Lui. Ils étaient apparemment appelés Ses disciples, parce qu'ils Le suivaient, et ils étaient même restés avec Lui pendant trois jours sans nourriture, écoutant Sa Parole. Cependant avec le temps, ils se détournèrent de Lui. Ces gens représentent la semence qui tomba sur le terrain pierreux ou parmi les épines. Le Seigneur Lui-même voyait leurs Cœurs et Il les considérait comme n'ayant pas cru.

c) Ceux qui Le suivaient, ayant reçu la vie divine du Père. Le Père accorda à de tels gens de venir à Jésus. Ils sont réellement Siens. Parce qu'ils sont réellement Siens, le Père leur donne le pouvoir et la volonté de remplir les conditions qui font des gens de vrais disciples. Ils ont la vie éternelle et ils persévèrent jusqu'à la fin, et reçoivent le salut final.

Tous ceux qui sont en Christ sont de vrais disciples. Ils sont la semence qui est tombée sur la bonne terre. Selon Son choix souverain, le Seigneur les met dans différentes relations disciples-Maître avec Lui-même.

Il établit les douze pour être avec Lui, et afin qu'Il les envoie prêcher avec le pouvoir de chasser des démons. C'était là une classe spéciale de disciples, et ils furent choisis pour être préparés pour une responsabilité spéciale dans le royaume, dans le temps et dans l'éternité. Parmi les douze, Il choisit trois : Pierre, Jacques et Jean pour davantage de formation pour le ministère dans le royaume.

Il établit les douze et les envoya après les avoir formés. La Bible dit : « *Après cela, le Seigneur désigna soixante-douze autres disciples, et il les envoya deux à deux devant lui dans toutes les villes et dans tous les lieux où Lui-même devait aller* » (Luc 10:1, version Colombe).

Il y avait aussi les femmes qui Le suivaient et Le servaient de leurs biens. Il y avait d'autres disciples à qui Il n'avait pas permis de Le suivre physiquement. Il les envoya plutôt dire à leurs parents ce que le Seigneur avait fait pour eux.

Nous savons que les soixante-douze étaient de vrais disciples qui avaient été donnés à Jésus par le Père, parce que le Seigneur rendit témoignage que leurs noms étaient écrits dans le livre de vie. Nous savons qu'aux douze, Judas n'avait jamais réellement « appartenu », parce qu'il était un traître et un voleur. Le Seigneur savait dès le commencement qu'il ne lui avait jamais appartenu.

Comment le Seigneur avait-Il choisi ceux à qui Il devait finalement dire : « Comme le Père m'a envoyé, moi aussi je vous envoie » ?

Nous allons examiner le choix des douze comme exemple.

1. Il Se révéla premièrement à eux en tant que l'Agneau de Dieu qui ôte le péché du monde (Jean 1:35-51).

2. Deuxièmement, Il leur fit un appel personnel et ils abandonnèrent tout et Le suivirent immédiatement (Matthieu 4:18-22). Il avait dû appeler d'autres à Le suivre.

3. Il passa toute une nuit à prier. La Bible dit : « *En ce temps-là, Jésus se rendit sur la montagne pour prier, et il passa toute la nuit à prier Dieu. Quand le jour parut, il appela ses disciples, et il en choisit douze, auxquels il donna le nom d'apôtres : Simon, qu'il nomma Pierre ; André, son frère ; Jacques ; Jean ; Philippe ; Barthélémy ; Matthieu ; Thomas ; Jacques, fils d'Alphée ; Simon, appelé le Zélote ; Jude, Fils de Jacques ; et Judas Iscariot, qui devint traître* » (Luc 6:12-16). La Bible ajoute encore : « *Il monta ensuite sur la montagne ; il appela ceux qu'il voulut, et ils vinrent auprès de Lui. Il en établit douze, pour les avoir avec lui et pour les envoyer prêcher avec le pouvoir de chasser les démons. Voici les douze qu'il établit : Simon, qu'il nomma Pierre ; Jacques, fils de Zébédée, et Jean, frère de Jacques, auxquels il donna le nom de Boanergès, qui signifie fils du tonnerre ; André ; Philippe ; Barthélémy ; Matthieu ; Thomas ; Jacques, fils d'Alphée ; Thaddée ; Simon le Cananite ; et Judas Iscariot, celui qui livra Jésus* » (Marc 3:13-19).

Le Seigneur passa toute la nuit avec le Père, cherchant la volonté de Dieu au sujet de qui devait être parmi les douze apôtres. Il avait tous ceux qu'Il désirait. Il appela ceux-là à Lui-même. Ensuite, Il établit ceux que le Père Lui avait donnés pour être Ses apôtres. Vers la fin de Son ministère, Il pouvait prier au Père disant : « *J'ai fait connaître ton nom aux hommes que tu m'as donnés du milieu du monde. Ils étaient à toi, et tu me les as donnés ; et ils ont gardé ta parole* » (Jean 17:6).

Le Seigneur choisit tous ceux que le Père choisit pour Lui. Ce n'était pas la démocratie. Il n'était pas question de « premiers venus, premiers servis ». Ce n'était pas une répartition régionale. Parmi les douze, il y avait deux paires de frères. André vint le premier à Lui, mais Il donna la direction à Pierre qu'André Lui avait amené. Au niveau naturel, il n'y avait rien à recommander entre eux. Quatre parmi eux étaient des pêcheurs professionnels. Un était un percepteur d'impôts, certains avaient des intérêts politiques. Leurs tempéraments étaient différents. Seul Dieu pouvait avoir regroupé de tels gens ensemble ! Il ne les choisit pas à partir d'une affinité naturelle ; car Il n'avait d'affinité qu'avec l'un d'eux. L'un d'entre eux était un voleur. Il savait dès le début qu'il était un voleur et qu'il Le trahirait, mais parce que le Père voulait qu'Il inclût Judas parmi les douze, Il le fit.

Ainsi, un choix délibéré fut fait des douze. Un autre choix délibéré fut fait des soixante-douze. Un autre choix fut fait des trois. Un autre choix fut fait de Jean qui est décrit comme le disciple que Jésus aimait. Un autre choix fut fait de Pierre comme le dirigeant de la bande. C'était là des choix souverains que le Seigneur n'avait pas pris à la légère.

2.4 - Il se donna totalement à ceux qu'Il voulait faire disciples mûrs.

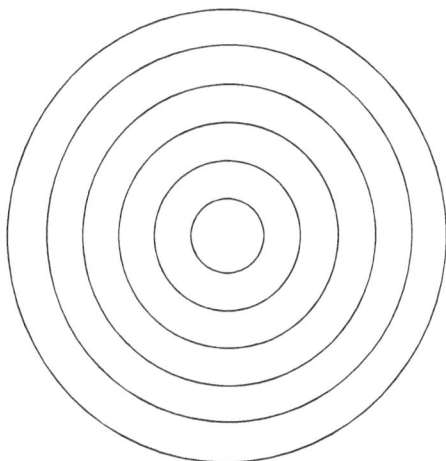

La relation entre le Seigneur Jésus et les gens pouvait être illustrée comme ci-dessus.

- Au cœur du cercle se trouve le Seigneur Jésus.
- Dans le cercle 1, c'est le Seigneur Jésus et Pierre.
- Dans le cercle 2, c'est le Seigneur et les trois (Pierre, Jacques et Jean).
- Dans le cercle 3, c'est le Seigneur et les douze apôtres. Dans le cercle 4, c'est le Seigneur et les soixante-douze disciples qu'Il envoya deux à deux.
- Dans le cercle 5, c'est le Seigneur et peut-être les cent vingt qui se trouvaient dans la chambre haute attendant d'être revêtus de la puissance d'en haut.
- Dans le cercle 6, c'est le Seigneur et peut-être les cinq cents qui Le virent enlevé dans les nuages lors de l'ascension.
- Dans le cercle 7, c'est le Seigneur et peut-être les foules

qui Le suivaient pour des raisons variées.

Les cercles ici sont les cercles de relation avec Jésus en vue de la préparation au ministère. Il y avait d'autres cercles qu'on peut représenter uniquement sur la base des relations personnelles. Dans un de ces cercles, Jean occuperait la première position comme étant le disciple que Jésus aimait et des gens comme Marie qui choisit la meilleure part, ainsi que d'autres telles que Marie de Magdala y seraient proéminentes. Nous considérons uniquement les cercles du ministère dans notre étude.

On peut se poser une question : « Comment Jésus avait-Il formé des disciples ? » La réponse est très simple. Jésus forma des disciples en choisissant ceux qu'Il voulait faire disciples et en Se donnant Lui-même à eux. Il vécut presque toute Sa vie dans leur présence, leur permettant ainsi de voir directement à partir de Sa vie comment Il vivait et servait le Père, les disciples, et ceux qui étaient du monde. La formation des disciples selon le Seigneur Jésus, c'est vivre sur terre la vie du Royaume en présence de ceux qui sont en train d'être faits disciples.

Ainsi Jésus donna tout de Lui-même à ces gens. Il vécut Sa vie dans leur présence même. Ils Le virent vivre. Ils Le virent dans Ses rapports avec les autres. Ils virent les neuf points se manifester dans Sa vie. Ils virent Son attitude vis-à-vis du monde. Ils virent Son attitude envers les pécheurs. Ils L'entendirent prier. Ils Le virent dans Ses rapports avec ceux qui étaient en autorité. Ils Le virent guérir les malades et chasser les démons. Ils Le virent opérer d'autres miracles. Ils virent Son attitude envers les Pharisiens, les publicains et les prostituées. Ils virent Son approche des enfants. Ils virent Son attitude devant la souffrance et la mort. Ils Le virent quand Il était fatigué, abattu et solitaire. Il ne leur cacha rien. Il était transparent. Ce qu'Il était au-dedans et ce qu'Il était au-dehors étaient un. Il ne S'écartait d'eux que lorsqu'Il voulait être seul avec Son Père.

Il avait tout en commun avec eux. Son argent était leur argent. (Ils avaient une bourse commune). En dehors de Ses vêtements, il n'y avait rien qu'Il possédait et qui n'était pas leur. Ils allèrent partout avec Lui, aux noces, aux funérailles, aux festins, etc.

En Se donnant entièrement à eux de cette manière, Il fit d'eux Ses disciples. Ils devinrent comme Lui et firent les choses comme Il les faisait. Son exemple, par la vie, les modela. Plus tard, les chefs et les scribes confrontèrent ces gens. La Bible dit : *« Lorsqu'ils virent l'assurance de Pierre et de Jean, ils furent étonnés, sachant que c'étaient des hommes du peuple sans instruction ; et ils les reconnurent pour avoir été avec Jésus »* (Actes 4:13). Oui, ces hommes avaient été avec Jésus et furent aussi hardis que Jésus, et produisirent le genre de résultats que Jésus avait produits.

Il Se donna Lui-même à eux et devint leur Serviteur. Il guérit leurs parents. Il calma les tempêtes qui les menaçaient. Il lava leurs pieds. Il fit le petit-déjeuner pour eux, et quand ils eurent rétrogradé, Il S'en alla à leur recherche.

Le niveau jusqu'où Il fit des gens Ses disciples dépendait de combien de temps Il passait avec eux. Les trois virent plus et connurent une plus grande expérience que les douze. Ils reçu-

rent donc plus de formation. Les douze reçurent plus d'entraî-
nement que les soixante-douze puisqu'ils passèrent plus de
temps dans Sa présence que les soixante-douze. La formation
pour le ministère n'était pas basée sur le degré d'amour que la
personne avait pour Lui. Nous savons avec certitude que les
femmes-disciples manifestèrent un très profond amour pour
Lui.

2.5 - Il leur enseigna la vérité spirituelle

Il les enseigna par la vie et Il les enseigna par d'autres
moyens. Il parlait souvent en paraboles aux foules, mais Il
donnait la signification de chaque parabole aux disciples et les
aidait à comprendre l'application de la vérité. Il parlait aux autres tels que les Pharisiens, les Saducéens, les huissiers, etc., en
face. Il les enseignait partout et à chaque occasion. Il utilisait les
situations de la vie pour impartir en eux la vérité divine. Il leur
enseigna les principes de la vie du royaume sur terre. Il les enseigna aussi au sujet du royaume de Dieu dans sa forme actuelle
et dans ses formes futures. Il les prit à l'écart dans des endroits
solitaires et leur donna des leçons supplémentaires. Il leur dit
ce qui arriverait dans l'avenir. Il leur donna des signes sur Son
retour à la fin des temps. Il les enseigna au sujet du jugement
présent et futur, et leur parla des récompenses qu'ils auraient
dans le royaume.

Il répondit à leurs questions.

Il ne leur dit pas certaines choses parce qu'ils n'étaient pas
encore capables de les porter, mais Il leur promit qu'ils recevraient plus d'enseignement dans l'avenir quand le Saint-Esprit
serait descendu sur eux.

Il enseigna pour remplir

- leurs têtes,
- leurs Cœurs et
- leurs actions.

Il enseigna de la manière la plus simple, rendant aussi simples que possible les thèmes qui étaient difficiles à comprendre.

2.6 - Il les aida à expérimenter la vérité qu'Il leur avait enseignée

Nous avons dit que le Seigneur enseignait avec pour but qu'ils expérimentent ce qui leur était enseigné. Il les enseigna sur la puissance de la foi, et leur permit de voir l'arbre qu'Il avait maudit se dessécher le jour suivant.

Il les enseigna sur la prière et plus tard, ils expérimentèrent la puissance de la prière.

Il les enseigna sur le baptême dans le Saint-Esprit et ils entrèrent dans l'expérience le jour de la Pentecôte.

Il les enseigna sur la souffrance et ils Le virent souffrir, et plus tard, ils souffrirent tous à cause de Son nom.

Il les enseigna au sujet de la grandeur par le service, et plus tard, ils servirent l'Église et les églises.

2.7 - Il les envoya pour des sessions pratiques

Premièrement, Il faisait des choses en leur présence.

Deuxièmement, Il leur expliquait les principes impliqués et répondait à leurs questions.

Troisièmement, Il les envoyait mettre en pratique ce qu'ils avaient appris. La Bible dit : « *Jésus parcourait toutes les villes et les villages, enseignant dans les synagogues, prêchant la bonne nouvelle du royaume, et guérissant toute maladie et toute infirmité. Voyant la foule, il fut ému de compassion pour elle, parce qu'elle était languissante et abattue, comme des brebis qui n'ont point de berger. Alors il dit à Ses disciples : La moisson est grande, mais il y a peu d'ouvriers. Priez donc le maître de la moisson d'envoyer des ouvriers dans sa moisson. Puis, ayant appelé Ses douze disciples, Il leur donna le pouvoir de chasser les esprits impurs, et de guérir toute maladie et toute infirmité* » (Matthieu 9:35-38 ; 10:1). Il continua et leur donna des instructions détaillées concernant le lieu où ils devaient aller, ce qu'ils devaient faire et dire, et comment ils devaient agir. Il y inclut des conseils sur le genre de réception à laquelle ils devaient s'attendre et finalement, les encouragea, (Matthieu 10:5-42). La Bible dit encore : « *Après cela, le Seigneur désigna encore soixante-dix autres disciples, et il les envoya deux à deux devant lui dans toutes les villes et dans tous les lieux où lui-même devait aller. Il leur dit : La moisson est grande, mais il y a peu d'ouvriers. Priez donc le maître de la moisson d'envoyer des ouvriers dans Sa moisson. Partez ; voici, je vous envoie comme des agneaux au milieu des loups* » (Luc 10:1-3, Version Colombe). Il continua ensuite en leur donnant des instructions détaillées comme Il l'avait fait avec les douze apôtres (Luc 10:4-16).

Comme faisant partie des leçons pratiques, Il leur permit de faire tous les baptêmes dans l'eau. Il leur permit aussi de confronter une situation particulière de possession démoniaque où ils n'avaient pas pu chasser le démon. Il leur parla alors d'un type de démon qui n'est chassé qu'à travers la prière et le jeûne.

Il prit toujours des dispositions pour qu'ils aient des sessions pratiques. Certaines de celles-ci étaient des sessions pratiques sur l'humilité. Il les laissait à eux-mêmes et ils se mettaient à discuter sur qui était le plus grand parmi eux. Il leur enseignait alors sur l'humilité et le service en tant qu'évidence de la vraie grandeur.

2.8 - Il les enseigna après leurs sessions pratiques

Lorsque les douze achevèrent leur session pratique, la Bible dit : « *Les apôtres, étant de retour, racontèrent à Jésus tout ce qu'ils avaient fait. Il les prit avec lui, et se retira à l'écart, du côté d'une ville appelée Bethsaïda…* » (Luc 9:10-17). Ils avaient à rendre compte et à recevoir des corrections et autres instructions. Il les prit donc à l'écart pour ce but. Bien qu'Il Se retirât, la foule Le suivit et Il les reçut avec joie, leur parla du royaume de Dieu et guérit ceux qui avaient besoin de guérison. Plus tard, Il les fit participer au miracle de la multiplication des pains pour cinq mille hommes. Ainsi, non seulement Il écouta leurs rapports et les corrigea, mais Il reçut la foule et lui rendit gracieusement ministère, bien qu'elle fût venue sans invitation pour déranger Sa retraite avec les disciples. Il était encore en train de les enseigner par là que le ministère aux nécessiteux est prioritaire, et que des serviteurs ne doivent pas se reposer pendant que les gens sont harassés par le péché, l'ignorance et la maladie. Il leur enseigna ainsi les leçons cruciales sur la compassion et le service en tout temps.

La Bible dit aussi : « *Les soixante-dix revinrent avec joie, disant : Seigneur, les démons mêmes nous sont soumis en ton nom. Jésus leur dit : Je voyais Satan tomber du ciel comme un éclair. Voici, je vous ai donné le pouvoir de marcher sur les serpents et les scorpions, et sur toute la puissance de l'ennemi ; et rien ne pourra vous nuire. Cependant, ne vous réjouissez pas de ce que les esprits vous sont soumis ; mais réjouissez-vous de ce que vos noms sont écrits dans les cieux* » (Luc 10:17-20).

2.9 - Il les commissionna quand leur formation fut achevée

Dans un sens, la formation des disciples est un processus qui dure toute la vie ; processus duquel une personne ne sort jamais diplômée, car il y a toujours des dimensions croissantes de la ressemblance à Christ dans lesquelles le disciple doit grandir. Cependant, il y a un niveau où les fondements sont assimilés et incorporés dans la vie, et le disciple peut être considéré par le maître comme étant mûr pour faire des disciples. Le maître doit alors permettre au disciple d'être un genre de « diplômé ». Ce n'est pas qu'il cesse d'être un disciple. C'est juste qu'il doit maintenant aller et faire des disciples. Il doit maintenir sa relation avec son faiseur de disciples ; mais il doit aller de l'avant et faire des disciples.

Il arriva un moment de ce genre pour le Seigneur et Ses disciples. Il les commissionna alors clairement. Ils devaient

1. aller et faire de toutes les nations des disciples,
2. baptiser les disciples au nom du Père, du Fils et du Saint-Esprit,

3. ils devaient enseigner aux disciples à observer tout ce que le Seigneur avait dit. Ceci signifie qu'ils devaient enseigner aux disciples d'aller partout dans le monde et de faire des disciples et d'enseigner à ces disciples d'aller partout dans le monde, de prêcher l'Évangile, de baptiser et de faire des disciples.

Ainsi, le Seigneur les commissionna et Il considéra que Sa tâche en tant que Faiseur de disciples était achevée. Il fit alors un rapport à Son Père en disant : « *Je leur ai donné ta parole ; et le monde les a haïs, parce qu'ils ne sont pas du monde, comme moi je ne suis pas du monde* » (Jean 17:14). « *Comme tu m'as envoyé dans le monde, je les ai aussi envoyés dans le monde* » (Jean 17:18).

Comme Il les avait préparés et envoyés dans le monde, Il alla mourir sur la croix pour eux, ressuscita, monta au ciel d'où Il continue à leur rendre ministère à travers le ministère de l'intercession.

Il S'en alla, pleinement persuadé que lorsque le Saint-Esprit descendrait sur ceux dont Il avait fait des disciples, tout le dessein de Dieu pour le monde s'accomplirait pendant qu'ils prêcheraient l'Évangile à toutes les nations et feraient des disciples qui, à leur tour, recevraient l'enseignement sur la manière de prêcher l'Évangile et faire des disciples.

Dieu veut voir aujourd'hui des disciples de Jésus qui :

1. Prêchent l'Évangile à toute la création et font des disciples.
2. Baptisent ces disciples.
3. Enseignent aux disciples à aller dans le monde entier, à prêcher l'Évangile, à faire des disciples, à les baptiser et à

leur enseigner à prêcher l'Évangile, à faire des disciples et à les baptiser, puis à leur enseigner à observer les commandements du Seigneur.

Toi et moi devons nous assurer que le Seigneur a ce genre de personnes aujourd'hui. Il nous a promis Sa présence en la personne du Saint-Esprit pendant que nous Lui obéirons selon les prescriptions qu'il nous a données.

Il l'a fait. Il nous aidera à le faire. Engageons-nous à cela. Amen.

CHAPITRE 4

LA FORMATION
DES DISCIPLES - 1

CONDUIRE QUELQU'UN
À CHRIST

CONDUIRE QUELQU'UN A CHRIST

Le Seigneur demanda aux disciples d'aller prêcher l'Évangile à toute la création. L'Évangélisation est la responsabilité de tous les disciples. Il est choquant de constater que de nos jours, c'est devenu l'affaire de quelques professionnels. Ceci est incorrect. Le Seigneur S'attend à ce que tous ceux qui sont Siens rendent témoignage aux autres et les amènent dans le royaume de Dieu. Il ne voulait pas qu'il y ait dans l'Église des gens dont l'unique responsabilité serait de distribuer des cartes d'invitation et d'inviter les gens à une campagne d'évangélisation, où le spécialiste ferait le travail pour eux. Le plan du Seigneur était que chaque croyant soit si correctement relié à Lui qu'il serait capable d'amener d'autres à la même relation avec Lui.

L'apôtre Paul dit : « *Et il a donné les uns comme apôtres, les autres comme prophètes, les autres comme évangélistes, les autres comme pasteurs et docteurs, pour le perfectionnement des saints en vue de l'œuvre du ministère et de l'édification du corps de Christ, jusqu'à ce que nous soyons tous parvenus à l'unité de la foi et de la connaissance du Fils de Dieu, à l'état d'homme fait, à la mesure de la stature parfaite de Christ, afin que nous ne soyons plus des enfants, flottants et emportés à tout vent de doctrine, par la tromperie des hommes, par leur ruse dans les moyens de séduction, mais que, professant la vérité dans la charité, nous croissions à tous égards en celui qui est le chef, Christ. C'est de lui, et grâce à tous les liens de son assistance, que tout le corps, bien coordonné et formant un solide assemblage, tire son accroissement selon la force qui convient à chacune de ses parties, et s'édifie lui-même dans la charité* » (Éphésiens 4:11-16).

C'est dans le plan de Dieu qu'il y ait des
- apôtres
- prophètes
- évangélistes et
- pasteurs et docteurs.

La tâche de ces gens est d'équiper les saints pour l'œuvre du ministère. Leur devoir est aussi d'équiper les saints pour édifier le corps du Christ. Ils doivent être présents dans l'Église et ils doivent équiper les saints pour l'œuvre du ministère, et pour l'œuvre de l'édification du corps de Christ jusqu'à ce que :

1. Tout le corps de Christ soit parvenu à l'unité de la foi.
2. Tout le corps de Christ soit parvenu à l'unité de la connaissance du Fils de Dieu.
3. Tout le corps de Christ soit parvenu à l'état d'homme fait.
4. Tout le corps de Christ parvienne à la mesure de la stature parfaite de Christ.
5. Tout le corps ne soit plus des enfants flottants et emportés à tout vent de doctrine par la tromperie des hommes, et par leur ruse dans les moyens de séduction.
6. Tout le corps, professant la vérité dans la charité, croisse à tous égards en celui qui est le Chef, Christ, de qui tout le corps, bien coordonné et formant un solide assemblage, grâce à tous les liens de son assistance, tire son accroissement selon la force qui convient à chacune de ses parties, et s'édifie lui-même dans la charité.

Il est tout de suite évident que chaque membre du corps doit être équipé, formé et aidé pour accomplir l'œuvre du ministère. Il est aussi tout de suite évident que ce ne sont pas seulement les apôtres, les prophètes, les évangélistes et les pasteurs et docteurs qui sont dans le ministère. Chaque croyant est destiné par le Seigneur à être dans le ministère. À moins que chaque croyant soit équipé pour accomplir l'œuvre du ministère, les apôtres, les prophètes, les évangélistes, les pasteurs et docteurs auront échoué dans leur tâche primordiale. À moins que chaque croyant soit équipé pour accomplir l'œuvre du ministère, tout le corps du Christ ne peut fonctionner correctement. À moins que chaque croyant soit équipé pour l'œuvre du ministère, et accomplisse effectivement l'œuvre du ministère, aucun des six points soulignés ci-dessus ne peut être pleinement réalisé.

Le but de la formation des disciples qui à leur tour, formeront des disciples est de s'assurer que chaque membre du corps de Christ est équipé pour l'œuvre du ministère, et qu'il accomplit effectivement l'œuvre du ministère.

Si dans une équipe, le chef d'équipe et ses proches collaborateurs travaillent ardemment, essayant de tout faire pendant que le reste de l'équipe observe, cette équipe va échouer, quelles que soient la compétence et l'ardeur au travail du chef d'équipe et de ses assistants. Mais si on enseigne à chaque membre de l'équipe à jouer son rôle, et qu'il joue ce rôle, l'équipe fera du progrès. La situation deviendra même meilleure si le chef d'équipe se concentre à œuvrer pour former un autre chef d'équipe, et que chaque joueur tâche d'enseigner son rôle à un autre joueur qui sera capable de le jouer aussi bien que lui. Ceci aboutira, non seulement au progrès, mais à la multiplication des joueurs.

Conduire quelqu'un à Christ étant le but fondamental de Dieu pour le monde et pour l'Église, chacun doit non seulement être aidé à connaître personnellement le Seigneur, mais doit aussi être équipé dans l'œuvre de donner Christ à une personne qui ne L'a pas encore connu.

Quelqu'un a dit que quiconque a entendu parler de Christ a le devoir de s'assurer que quelqu'un d'autre entende parler de Lui. Quiconque a reçu le Seigneur Jésus a le devoir d'œuvrer pour s'assurer qu'une autre personne Le reçoive. Quiconque a reçu le baptême dans le Saint-Esprit a le devoir d'œuvrer pour s'assurer qu'une autre personne qui a reçu Christ soit baptisée dans le Saint-Esprit. Quiconque est disciple a le devoir d'œuvrer pour s'assurer qu'une autre personne soit faite disciple. Quiconque peut aider dans la production de faiseurs de disciples doit œuvrer pour s'assurer qu'il produise d'autres producteurs de faiseurs de disciples. C'est ainsi que nous comprenons l'application du commandement du Seigneur dans Matthieu 28:19-20. C'est la multiplication spirituelle. C'est le moyen par lequel il faut conquérir le monde pour Christ. C'est la manière de bâtir l'Église. C'est le moyen de produire des croyants mûrs. C'est la manière de s'assurer que chaque partie du corps de Christ fonctionne convenablement.

Dans l'œuvre de conduire quelqu'un à Christ, nous allons considérer deux autres exemples ; le premier exemple est celui d'une personne conduisant une autre, et l'autre exemple est celui d'un sermon prêché à un auditoire. Nous avons déjà vu l'exemple de Jésus, le Maître Gagneur d'Âmes à l'œuvre.

PHILIPPE CONDUIT L'EUNUQUE ÉTHIOPIEN A CHRIST (ACTES 8:26-40)

1. Un ange du Seigneur, s'adressant à Philippe, lui dit : « *Lève-toi, et va du côté du midi, sur le chemin qui descend de Jérusalem à Gaza, celui qui est désert* » (Actes 8:26). Philippe était dans une condition spirituelle telle que le Seigneur pouvait lui parler. Il était capable d'entendre le Seigneur. Il était rempli du Saint-Esprit de manière que sa communion avec le Seigneur n'était pas entravée. Il pouvait entendre le Seigneur. Quiconque entreprendra de conduire efficacement les gens au Seigneur devra avoir une marche intime avec le Seigneur, et être rempli du Saint-Esprit chaque minute. Dans cette condition, il sera capable d'entendre le Seigneur lui parler à travers n'importe quel canal de Son choix. Dans ce cas précis, le Seigneur parla à Philippe à travers un ange. Il parle encore aujourd'hui par des anges. Il parle aussi par plusieurs autres moyens.

2. Philippe obéit à ce que le Seigneur lui avait dit par l'ange. « *Il se leva et partit* » (Actes 8:27). Le Seigneur était en train d'utiliser puissamment Philippe en Samarie. Plusieurs se donnaient au Seigneur. Des miracles étaient opérés. Il y avait une grande joie dans la ville. Les apôtres étaient venus de Jérusalem et les croyants à Samarie furent baptisés dans le Saint-Esprit. Philippe était le principal instrument humain que le Seigneur était en train d'utiliser dans tout ceci. Cependant, le cœur de Philippe était incliné vers le Seigneur et non à ce qui était en train de se passer. Ses oreilles étaient ouvertes au Seigneur et non à la grande joie qui était dans la ville. Ses regards étaient concentrés sur le Seigneur et non sur les boiteux qui marchaient, ni sur les possédés démoniaques qui étaient délivrés. À cause de l'intégrité de son cœur vis-à-vis du Seigneur, il fut capable d'entendre le

Seigneur, et de Lui obéir. Le Seigneur était en train de l'appeler loin de l'attention des foules. Il était appelé à marcher sur une route déserte. Il ne semblait pas y avoir grand-chose en réserve, pourtant il obéit au Seigneur et partit. Il était réellement un disciple. Son engagement primordial était à la volonté du Seigneur et non à l'œuvre du Seigneur. Il n'était pas préoccupé par l'œuvre et la jeune église de Samarie. Il savait que son appel était d'abord d'obéir au Seigneur. Il savait que l'œuvre était celle du Seigneur, et que l'Église était aussi celle du Seigneur, et que s'il obéissait au Seigneur, le Seigneur était bien capable de prendre soin de Son œuvre et de Son Église. C'est de la maturité spirituelle. Philippe était réellement mûr. Il était obéissant. Tous ceux qui veulent être utilisés par le Seigneur d'une manière profonde doivent Lui obéir de cette manière, et en toutes choses.

3. La Bible dit : « *Et voici, un Éthiopien, un eunuque, ministre de Candace, reine d'Éthiopie, et surintendant de tous ses trésors, venu à Jérusalem pour adorer, s'en retournait, assis sur son char, et lisait le prophète Esaïe* » (Actes 8:27-28).

4. Et l'Esprit dit à Philippe : « *Avance, et approche-toi de ce char* » (Actes 8:29). Le Seigneur avait tout préparé. Il savait que l'eunuque éthiopien passerait par là. Il connaissait la faim qu'il y avait dans le cœur de ce dernier. Il chronométra le déplacement du char. Il parla à Philippe au bon moment. Philippe obéit tout de suite. Parce qu'il obéit au bon moment, il fut au bon endroit au bon moment. S'il y était arrivé plus tôt ou plus tard, il aurait manqué l'eunuque. Jusqu'à ce que les croyants arrivent au ciel et voient les dégâts causés pour n'avoir pas été au bon endroit au bon moment, dans une bonne condition spirituelle, ils

ne comprendront pas l'importance d'être au centre de la volonté de Dieu en toutes choses. Ma prière est que quelques-uns puissent comprendre cela maintenant, et offrent au Seigneur la meilleure coopération nécessaire pour accomplir Ses desseins.

5. La Bible dit : « *L'Esprit dit à Philippe : Avance, et approche-toi de ce char. Philippe accourut, et entendit l'Éthiopien qui lisait le prophète Esaïe. Il lui dit : Comprends-tu ce que tu lis ? Philippe s'approcha du char. Il agit sagement. Il avait dû demander au Saint-Esprit de le conduire. Après tout, il était là en mission, envoyé par le Saint-Esprit. Il écouta la lecture de l'eunuque. Il ne l'interrompit pas. Il n'attira pas l'attention sur lui-même. Il ne se mit pas à prêcher un des sermons que Dieu avait utilisés pour faire de grandes choses en Samarie. Il écouta juste l'eunuque et demanda au Seigneur silencieusement dans son cœur ce que le Seigneur voulait qu'il fasse. Ceux qui, se trouvant dans une situation de besoin, commencent à parler avant d'avoir entendu quels sont les besoins de la situation et ce que le Seigneur veut qu'ils fassent, ratent complètement le but et peuvent même s'avérer être des mauvais représentants de Dieu. Beaucoup de ce qui passe pour être de l'évangélisation est juste l'ensemble des activités de la chair et le Seigneur Jésus dit : C'est l'esprit qui vivifie ; la chair ne sert de rien* » (Jean 6:63).

6. Philippe posa à l'eunuque une question qui le poussa à parler. Toute personne voulant avoir du succès dans l'évangélisation personnelle doit apprendre à dialoguer avec les gens. Il est très difficile de connaître un homme jusqu'à ce qu'il s'exprime en parlant. La question de Philippe le poussa à parler. Sa réponse montra à Philippe qu'il était très intéressé ; car il répondit : « Comment le pourrais-je, si quelqu'un ne me guide ? Et il invita Philippe à monter et à s'asseoir avec Lui ». Ainsi, l'eunuque avait besoin d'un guide. Il accepta aussi Philippe comme

guide. Il invita Philippe, le guide, à monter s'asseoir avec lui comme pour supplier : « S'il te plaît, guide-moi ». Tout se passa très aisément. L'eunuque eut l'occasion d'exposer son besoin, et de solliciter de l'aide. Il invita Philippe. Philippe n'était donc pas quelqu'un qui essayait de contraindre une personne à écouter un message qu'elle n'était pas disposée à écouter. Il n'essayait pas d'accomplir un devoir religieux. Il ne cherchait pas à s'assurer qu'il parlait du Seigneur à quelqu'un parce qu'ayant promis au Seigneur ou à lui-même qu'il rendrait témoignage à une personne chaque jour. Philippe était en train de communiquer la vie, et dans la transmission de la vie, il n'y a pas de querelles. Les seules personnes avec lesquelles il était arrivé au Seigneur de Se quereller furent les chefs religieux ! Parce que Philippe était anxieux de satisfaire un besoin, il permit à celui qui avait le besoin d'exprimer son désir.

7.   Quand Philippe s'assit à côté de l'eunuque, il prit note du passage que l'eunuque était en train de lire. Philippe connaissait bien le passage. Il savait comment il se rattachait au dessein éternel de Dieu, mais il ne parla pas. Il ne demanda même pas à l'eunuque s'il pouvait lui expliquer le passage. Il attendit que l'eunuque parle.

8.   L'eunuque parla. La Bible dit : « *Et l'eunuque dit à Philippe : Je te prie, de qui le prophète parle-t-il ainsi ? Est-ce de lui-même, ou de quelqu'un d'autre ?* » (Actes 8:34). L'eunuque l'avait maintenant invité à parler. Il parla. La Bible dit : « Alors Philippe, ouvrant la bouche et commençant par ce passage, lui annonça la bonne nouvelle de Jésus. » Philippe commença par ce passage. Il était capable de manier correctement la Parole de la vérité. Il com-

mença par ce que l'eunuque lisait et continua par d'autres choses jusqu'à ce que la bonne nouvelle de Jésus lui fût présentée. Un disciple doit tellement demeurer dans la Parole qu'il puisse l'utiliser pour prêcher efficacement l'Évangile de Jésus. Philippe ne s'était pas spécialisé sur les messages parlant de guérison ou de délivrance des démons. S'il l'avait fait, il aurait été incapable de rendre ministère à l'eunuque dont le besoin était différent. Il s'était spécialisé sur Jésus et il s'était spécialisé sur toute la Parole de Dieu ; ainsi donc, il était capable de traiter chaque cas que le Seigneur lui présentait. Chaque disciple devrait viser ce but et chaque faiseur de disciples devrait effectivement être capable de traiter chaque cas.

9. L'Évangile de Jésus-Christ ou la bonne nouvelle de Jésus que Philippe prêcha à l'eunuque était si complet que lorsqu'ils arrivèrent à l'eau, l'eunuque demanda à être baptisé. Le message de Philippe avait dû inclure le besoin de se « repentir et d'être baptisé pour la rémission des péchés ». Il avait dû inclure le besoin d'un engagement total au Seigneur. Philippe n'avait pas essayé de faciliter les choses à ce Ministre des Finances. Il n'était pas influencé par la position sociale de cet homme. Il n'était pas anxieux de recevoir de l'argent de lui. Il lui dit toutes choses. Quand les gens prêchent un évangile facile à une certaine classe de personnes pour qu'il soit facile pour eux de décider et qu'ils les aient dans leurs congrégations pour des buts divers, ils attirent le plus grand déplaisir du Seigneur. Le Seigneur Jésus n'avait pas rendu les choses faciles même d'un seul pouce pour le jeune homme riche. Il était totalement indifférent à sa richesse et à sa position. Il le renvoya comme Il avait renvoyé tous les autres dont les Cœurs étaient partagés. Il ne sollicita aucune aide des riches. C'est là l'intégrité dans le ministère ; et sans une telle

intégrité, tout ce qu'un homme peut travailler et produire c'est du bois, de la paille et du chaume.

10. L'eunuque lui-même demanda à être baptisé. Il ne se fit pas prier ou cajoler. C'était son choix et sa demande. Celui qui présente l'Évangile aux gens n'a pas à s'inquiéter de quoi que ce soit. Il faut qu'il présente Christ et Sa parole, et fasse confiance au Saint-Esprit pour œuvrer dans les Cœurs des auditeurs. Il ne tentera pas de manipuler les gens ; car il sait très bien que les manipulations sont des activités de la chair et la chair ne sert de rien et ne produit rien de durable.

11. Quand l'eunuque demanda à être baptisé, Philippe ne dit pas « Merci Seigneur, il a demandé à être baptisé. Il faut que je le baptise rapidement avant qu'il ne pense autrement et ne change d'idée. » Une fois de plus ceci aurait été une réflexion charnelle et une action charnelle. Il présenta la condition qui devait être remplie par quiconque voulait être baptisé. « *Si tu crois de tout ton cœur, cela est possible* » (Actes 8:37). L'eunuque prouva qu'il remplissait la condition, car il déclara : « *Je crois que Jésus-Christ est le Fils de Dieu* » (Actes 8:37). Il était donc qualifié.

12. Philippe n'avait pas dit : « Monsieur le Ministre des Finances, c'est merveilleux que vous ayez demandé à vous faire baptiser. Normalement, nous entrons dans l'eau avec une personne, et nous l'ensevelissons dans la mort et la ressuscitons dans la vie avec le Seigneur Jésus, pendant qu'elle est immergée dans l'eau et qu'elle en ressort. Vous êtes pressé. Je ne vais pas vous déranger en appliquant la chose réelle. Nous allons met-

tre quelques gouttes d'eau sur votre tête pour symboliser le baptême ». S'il avait fait cela, il aurait été en train de se détourner de la vérité et d'éloigner les gens de la vérité. Il était un homme de Dieu et non un négociateur religieux ou quelqu'un qui fait acception de personne. « *Il fit arrêter le char ; Philippe et l'eunuque descendirent tous deux dans l'eau, et Philippe baptisa l'eunuque* » (Actes 8:38).

13. Quand ils sortirent tous deux de l'eau, la mission de Philippe étant achevée, l'Esprit du Seigneur l'enleva et l'eunuque ne le vit plus, mais poursuivit sa route dans la joie. Philippe n'avait pas reçu de « Merci » de cet homme. Il ne reçut pas de dons. Il n'était pas mercenaire. Oh, que Dieu suscite plusieurs aujourd'hui, comme lui, pour remplacer les assoiffés d'argent et les mendiants qui se font passer pour des ministres de Dieu aujourd'hui !

14. Le ministère de Philippe auprès de cet homme était terminé. L'homme avait cru et avait été baptisé. Tout le processus était une opération accomplie par le Saint-Esprit. Il avait été initié par Lui. Il fut conduit par Lui et achevé par Lui. C'est ce que le Seigneur voulait que l'évangélisation fût. Voilà ce qu'Il veut que l'évangélisation soit. C'est ce que nous devons Lui permettre d'avoir. C'est pour chacun de Ses enfants qui est prêt à être conduit par Lui ! Gloire soit à Son Saint nom. Puissions-nous, nous aussi, aller et faire comme Philippe, et nous serons réellement bénis. Amen.

15. Philippe l'avait baptisé dans l'union avec le Seigneur Jésus en Sa mort et Sa résurrection. Il ne l'avait pas baptisé dans une

dénomination. Il n'était pas devenu un membre de « L'Extension Mobile de l'Église en Samarie ». Il n'était pas devenu un membre de la dénomination ou de la Mission de Philippe. Il était devenu un membre du corps de Christ. Il n'avait pas reçu une carte de membre et une carte de baptême. Il avait reçu Christ, et cela suffisait! Philippe était soucieux du salut d'un pécheur. Il n'avait aucune dénomination à bâtir, ou dont il fallait s'inquiéter. Son seul intérêt était la gloire du Seigneur et le Seigneur fut réellement glorifié.

16. Philippe n'avait pas donné à l'eunuque le dossier d'autorisation d'une dénomination. Il ne lui avait pas donné l'autorisation ou le permis d'une organisation ou d'une autre, de manière qu'il puisse pratiquer son christianisme en Éthiopie sans être molesté. Il lui donna Jésus, et c'était suffisant. Est-Il suffisant pour toi? À moins qu'Il soit suffisant pour toi, tu vas trébucher.

17. L'eunuque s'en alla avec le Seigneur Jésus. Jésus était son autorisation. Jésus était son permis. Jésus était son mandat. Jésus est suffisant. Tout supplément à Jésus conduira au désastre. Dans le cœur de Dieu et dans le dessein éternel du Père, il n'y a pas de supplément à Christ. Ceux qui n'ont pas la foi pour dépendre du Seigneur Jésus et de Lui seul ne sont pas dignes de lui. Ils ne peuvent pas satisfaire Son cœur. Comme nous avons dit, ils trébucheront. Dans un sens ils ont déjà trébuché.

L'APÔTRE PAUL DANS LA VILLE D'ATHÈNES (ACTES 17:16-34)

1. La Bible dit : « *Comme Paul les attendait à Athènes, il sentit au-dedans de lui son esprit s'irriter, à la vue de cette ville pleine d'idoles* » (Actes 17:16). Paul était qualifié pour rendre témoignage dans cette ville, non pas parce qu'il était un apôtre ou parce qu'il était éloquent, mais parce qu'il était en contact vital avec le Saint-Esprit. L'évidence de cette relation vitale est qu'il était intérieurement touché, irrité dans son esprit par l'idolâtrie qui se pratiquait autour de lui. Il vit que la ville était pleine d'idoles. Avant qu'il ne voie l'idolâtrie, le Saint-Esprit l'avait vue et avait été irrité ; et parce que son esprit était uni de façon vitale au Saint-Esprit, lui aussi fut irrité.

Es-tu irrité par l'impureté, la méchanceté, la corruption, la fausseté, l'immoralité, le paganisme qui se pratiquent autour de toi ? Es-tu dérangé par le fait que des centaines et des milliers de personnes sont trompées et conduites dans une éternité sans Christ ? Es-tu irrité devant des multitudes qui portent le nom du Fils de Dieu, mais sont totalement hors de contact avec Lui ?

Es-tu irrité et touché par le fait que l'honneur et la gloire qui devaient revenir au Seigneur du ciel sont en train d'être accordées aux images faites à la ressemblance de l'homme, des oiseaux, des reptiles et des choses semblables ? Es-tu touché par le fait que plusieurs qui devaient se prosterner devant le Seigneur Jésus ne se sont jamais prosternés devant Lui, mais se prosternent devant des statues chaque semaine ? À moins que tu sois touché, tu ne pourras pas atteindre les perdus. À moins que tu ne sois saisi d'une sainte jalousie pour le nom de Dieu et l'honneur de Dieu, tu seras un témoin médiocre. À moins que tu ne sois touché, dérangé de voir plusieurs qui passeront l'éternité dans l'étang de feu, tu ne feras pas grand-chose pour leur salut. À moins que tu ne puisses en quelque sorte « entendre » les cris des âmes agonisantes qui gémissent dans l'étang de feu : « Mon Dieu, mon Dieu, pourquoi m'as-tu abandonné ? », tu ne seras pas enflammé pour le salut de ceux qui, bientôt, vont périr.

2. Paul n'avait pas cherché un coin calme pour aller y pleurer et mourir le cœur brisé à cause de l'idolâtrie qu'il voyait. Il fut poussé à l'action. Il chercha une occasion de faire quelque chose afin de changer la situation. La simple rêverie est inutile pour Dieu. La simple douleur dans l'esprit ne changera pas la destinée des âmes perdues le jour du jugement. Il faut que le rêve soit traduit en une action vitale, vigoureuse. La douleur doit engendrer une œuvre solide qui rendra les choses meilleures pour l'avenir.

Paul allait où se trouvaient les pécheurs. Il entrait dans les synagogues où se trouvaient les pécheurs ayant leurs idoles dans leurs Cœurs, et discutait avec les Juifs et les personnes dévotes. Il se rendait aussi sur les marchés chaque jour et argumentait avec quiconque s'y trouvait, ceux dont les idoles étaient extériorisées. En choisissant les synagogues et les marchés, Paul avait élaboré une stratégie qui lui permettait d'atteindre les religieux et les irréligieux de la ville. Il planifia les choses de manière à pouvoir atteindre le plus grand nombre de pécheurs possible.

Il agissait suivant un principe qu'il avait établi bien avant, et suivant lequel il vivait, qui se traduit en ces mots : « *Car, bien que je sois libre à l'égard de tous, je me suis rendu le serviteur de tous, afin de gagner le plus grand nombre. Avec les Juifs, j'ai été comme Juif, afin de gagner les Juifs ; avec ceux qui sont sous la loi, comme sous la loi (quoique je ne sois pas moi-même sous la loi), afin de gagner ceux qui sont sous la loi ; avec ceux qui sont sans loi, comme sans loi (quoique je ne sois point sans la loi de Dieu, étant sous la loi de Christ), afin de gagner ceux qui sont sans loi. J'ai été faible avec les faibles, afin de gagner les faibles. Je me suis fait tout à tous, afin d'en sauver de toute manière quelques-uns. Je fais tout à cause de l'Évangile, afin d'y avoir part »* (1 Corinthiens 9:19-23).

Il conseilla encore : « *Soit donc que vous mangiez, soit que vous buviez, soit que vous fassiez quelque autre chose, faites tout pour la gloire de Dieu. Ne soyez en scandale ni aux Grecs, ni aux Juifs, ni à l'Église de Dieu, de la même manière que moi aussi je m'efforce en toutes choses de complaire à tous, cherchant, non mon avantage, mais celui du plus grand nombre, afin qu'ils soient sauvés* » (1 Corinthiens 10:31-33).

Tous les disciples doivent faire tout ce qu'ils peuvent pour sauver quelques-uns. Ils doivent être totalement ouverts au Saint-Esprit, afin qu'Il les conduise dans tout genre de situation, toutes sortes de circonstances, afin d'atteindre les pécheurs là où ils se trouvent. Ils ne doivent pas rechercher leur propre avantage, mais celui de plusieurs afin que ceux-ci soient sauvés. Ceci ne signifie pas qu'il faille planifier ses propres affaires et les accomplir à sa manière. Cela signifie qu'il faut recevoir les plans de Dieu pour l'évangélisation des multitudes et être engagé avec Lui dans leur exécution.

Paul était sur les marchés chaque jour. Chaque jour est un jour d'évangélisation. Chaque heure est une heure d'évangélisation. Chaque occasion est une occasion d'évangélisation. Quand l'évangélisation devient l'œuvre de chaque croyant et non plus l'activité d'un spécialiste qui doit l'accomplir une fois par semaine dans une salle ou lors d'une campagne spéciale (et il y a lieu d'entreprendre de telles activités d'évangélisation dans la vie d'un disciple), alors, ce sera fait chaque jour, à chaque endroit, et des gens seront ajoutés au Seigneur d'une manière quotidienne. La Bible dit : « *Et le Seigneur ajoutait chaque jour à l'Église ceux qui étaient sauvés* » (Actes 2:47).

3. Paul, disponible sur les marchés chaque jour, donna une occasion à des Épicuriens et des Stoïciens de le rencontrer. Ils avaient quelque chose à dire à son sujet et ils le dirent (Actes 17:18). Paul les laissa parler et lui poser des questions : « *Pourrions-nous savoir quelle est cette nouvelle doctrine que tu enseignes ? Car tu nous fais entendre des choses étranges. Nous voudrions donc savoir ce que cela peut être* » (Actes 17:19-20).

4. Paul avait pu obtenir l'audience. C'est maintenant eux qui voulaient écouter. Il n'était pas en train d'imposer sa voie à des gens qui ne voulaient pas l'écouter. Ils semblaient tous dire : « Parle ». Le disciple doit œuvrer dans la prière pour avoir un auditoire disposé à écouter.

5. Paul saisit l'occasion au vol. Il les mit tout d'abord à l'aise. Il dit : « *Hommes Athéniens, je vous trouve à tous égards extrêmement religieux. Car, en parcourant votre ville et en considérant les objets de votre dévotion, j'ai même découvert un autel avec cette inscription : A un dieu inconnu ! Ce que vous révérez sans le connaître, c'est ce que je vous annonce* » (Actes 17:22-23). L'introduction de son message était saisissante. Elle était telle qu'elle poussait les gens à vouloir entendre ce qu'il avait à dire. Il parla de ce qu'il avait observé pendant qu'il parcourait la ville. Il avait gardé ses yeux ouverts. Il avait vu ce qui était alentour. Il avait œuvré pour connaître quelque chose sur la condition spirituelle de ces gens

à travers leurs objets de dévotion. Il avait vu l'inscription particulière qu'il mentionna. Il l'avait mémorisée ou l'avait notée par écrit, sentant que c'était un fait qu'il pouvait utiliser. Il était si livré au désir de communiquer l'Évangile chrétien qu'il chercha chaque moyen, et tout ce qui pouvait l'aider à le transmettre. Il dépendait du Saint-Esprit, pleinement persuadé que le Saint-Esprit utilise mieux ceux qui font ce qu'ils peuvent pour être prêts.

Malheureusement plusieurs disciples ont la réflexion non mûre. Ils sont tellement coupés du monde qu'ils ne savent pas ce que le monde pense ou de quoi il parle. Ils ne comprennent plus ceux qui les entourent. Ils n'écoutent pas les informations. Ils ne sont pas informés sur ce qui se passe. Ils ne connaissent pas les plus récentes sources de malheur du monde. Ils pensent que c'est là la sainteté. Ils pensent que c'est cela être séparé du monde. Je voudrais dire catégoriquement que c'est de la pure folie. C'est de l'impiété. C'est de la mondanité ; car plusieurs gens du monde se sont aussi retirés du monde de cette manière. C'est de l'échappatoire. De telles personnes ne seront pas des témoins efficaces. Elles ont perdu leurs points de contact avec les gens qu'elles veulent gagner au Seigneur. Elles ont plus ou moins abandonné le jeu. Le Seigneur Jésus n'était pas ainsi. Il était engagé. Il savait ce qui se passait et Ses messages étaient toujours pertinents.

6. Paul était plus ou moins en train de dire à ces gens : « Vous savez déjà qu'il y a Dieu. Vous savez qu'Il doit être adoré. Vous essayez déjà de L'adorer. Vous avez déclaré qu'Il est inconnu. Je suis venu ajouter à ce que vous avez déjà. Je suis venu vous aider à connaître ce Dieu qui était inconnu de vous ». Ainsi, il n'essaya pas juste de renverser toutes choses ; car cela aurait poussé les gens à se fermer avant d'avoir entendu l'essentiel de

son message.

7. Il ne s'arrêta pas après cette introduction pour demander aux gens s'ils étaient d'accord avec lui ou bien s'ils avaient des questions à poser. Cela leur aurait donné une occasion de le distraire. Il y a des moments où les questions ne doivent pas être permises. En fait, personne ne doit tenter de répondre aux questions de la foule. Toutes réponses aux questions doivent se faire autant que possible au niveau personnel.

Il continua ensuite à proclamer les vérités suivantes :

a) Dieu en tant que Créateur du monde et de tout ce qui s'y trouve.

b) Le lieu d'habitation de Dieu.

c) La souveraineté de Dieu à assigner les périodes et les limites de la vie et de l'habitation des êtres humains.

d) Le désir de Dieu que les gens Le cherchent

e) Le dessein et le désir de Dieu d'être cherché.

f) La proximité de Dieu aux êtres humains, et il cita l'un de leurs poètes !

g) Il montra ensuite pourquoi les idoles étaient totalement hors de propos.

h) Il exposa ensuite le désir actuel de Dieu que tous se repentent.

i) Et proclama le jugement futur de Dieu à travers Son oint, le Seigneur Jésus, qu'Il a ressuscité des morts.

Paul avait donc effectivement prêché le cœur de l'Évangile qui englobait le besoin pour les gens d'être réconciliés avec Dieu à travers la repentance et la foi en Celui qui mourut et ressuscita d'entre les morts.

8. La proclamation de la résurrection apporta une séparation du peuple en trois groupes apparents :

    a) ceux qui se moquaient

    b) ceux qui reportèrent l'action, désirant encore en entendre davantage.

    c) ceux qui crurent.

Mais, en fait, il n'y avait que deux groupes :

    a) ceux qui ne crurent pas, et

    b) ceux qui crurent.

Le monde entier est divisé en ceux qui croient au Ressuscité et ceux qui ne croient pas en Lui, et c'est ce qui détermine les destinées éternelles.

9. Évidemment l'approche de Paul dans la proclamation de l'Évangile variait avec l'auditoire. Si c'était à un auditoire juif qu'il prêchait, il aurait agi différemment. Cependant, une chose est claire : il prenait chaque auditoire là où il se trouvait et œuvrait pour l'amener au Seigneur. Avec les philosophes, il argumentait en tant que philosophe (ayant été lui-même un philosophe) et avec les simples, il était simple dans son approche. Cependant, il œuvrait pour s'assurer que son but n'était pas perdu, mais qu'il amenait les gens au Seigneur Jésus. Les disciples doivent ap-

prendre à être comme Lui. Si chaque disciple est sensible au Seigneur, il sera conduit par le Saint-Esprit vers les gens à qui il pourra efficacement proclamer l'Évangile.

Normalement, une personne atteindra ceux avec qui elle est le plus en contact. L'élève atteindra des élèves ; l'enseignant atteindra des enseignants, le cultivateur, des cultivateurs, le sportif, des sportifs, etc. Cependant chacun, tout en dépendant du Saint-Esprit, sera librement conduit par le Seigneur vers n'importe quelle direction qu'Il veut, et quand Il conduit, Il accorde la capacité.

CONSEILS GÉNÉRAUX SUR COMMENT AMENER LES GENS A CHRIST

Pour amener les gens à Christ, tu devras faire, parmi tant d'autres choses que tu connais et que tu fais déjà, ce qui suit :

1. T'assurer que tu as reçu le Seigneur comme ton Sauveur (Jean 1:12).

2. T'assurer qu'au mieux de ta connaissance, tu as une bonne conscience devant le Seigneur Jésus, que tu as rempli Ses conditions pour être disciple.

3. T'assurer que tu as reçu le baptême dans le Saint-Esprit qui qualifie les gens à être des témoins comme le Seigneur l'a dit (Luc 24:48-49 ; et Actes 1:8).

4. Être rempli du Saint-Esprit chaque jour et à chaque heure (Éphésiens 5:18).

5. T'assurer que tu ne vis pas dans le péché ni en pensée, ni en parole ni en acte. S'il y a un quelconque péché, confesse-le tout de suite et abandonne-le (1 Jean 1:8-9).

6. Demande au Seigneur de te donner Son amour pour les perdus.

7. Prie chaque jour pour ceux qui n'ont pas encore trouvé le Seigneur. Fais une liste des membres de ta famille, de tes collègues, de tes voisins, de tes amis, de tes connaissances, etc., et prie pour eux avec ferveur, que le Seigneur les amène au salut.

8. Demande au Saint-Esprit la stratégie qu'Il a en pensée pour toi, afin que tu l'utilises pour atteindre chacune de ces personnes avec l'Évangile. Il te révélera Son plan. Travaille en fonction de celui-ci. Cependant, il faut que tu continues à Lui être ouvert ; car Son plan pourra varier d'une personne à une autre pendant que tu pries, et essaie d'atteindre les différentes personnes sur ta liste.

9. Pendant que le Saint-Esprit t'ouvre une porte pour atteindre une quelconque de ces personnes, sois courageux et obéissant. Présente l'Évangile clairement et laisse les résultats au Saint-Esprit. Ne force pas les gens à prendre des décisions.

10. Utilise toute littérature, cassette, etc., que tu trouves disponible et utile.

11. Si quelqu'un est intéressé, garde le contact avec lui et continue à lui rendre visite et à lui parler jusqu'à ce que le Seigneur travaille dans son cœur. Si les gens ne veulent pas que tu visites leurs maisons, ne t'obstine pas à y aller. Prie plutôt que le Seigneur touche leurs Cœurs et les rende disponibles.

12. Choisis une période dans la semaine que tu vas consacrer à l'évangélisation. Ne dis pas juste que les choses arriveront au hasard. Coopère avec le Seigneur pour qu'elles arrivent.

13. Cela t'aidera, de sortir évangéliser avec quelqu'un d'autre. Il

serait normal de sortir avec celui qui fait de toi un disciple ou celui que tu formes en disciple. Le Seigneur les envoya deux à deux. C'est là une bonne pratique. Cependant, s'il n'y a personne pour sortir avec toi, sors seul et souviens-toi que le Seigneur est avec toi.

14. Si quelqu'un n'est pas intéressé par l'Évangile, ne te querelle pas avec lui. Ne l'insulte pas. Ne le livre pas au diable. Ne blesse pas ses émotions. Tu devras veiller à ce que tu te sépares de toute personne à qui tu as rendu témoignage ou à qui tu as essayé de rendre témoignage dans les meilleurs termes possibles, afin qu'un jour, si ses yeux s'ouvrent au Seigneur, elle se sente libre de venir solliciter ton aide. Si tu te comportes correctement, elle pourra désirer parler avec toi dans l'avenir ou être ouverte pour parler avec un autre disciple.

15. Œuvre pour te préoccuper de l'homme tout entier : corps, âme et esprit. N'essaie pas de l'opérer, d'ôter son esprit pour le salut et de rejeter l'âme et le corps ; sois intéressé par l'homme tout entier. Le Seigneur Jésus était intéressé par l'homme tout entier. Si tu rends témoignage à une famille qui meurt de faim, donne-leur à manger. Vas-y très souvent pour pourvoir à leurs besoins. Engage l'assemblée dans laquelle tu es à étudier les moyens de pourvoir à leurs besoins de manière plus permanente, peut-être en trouvant un emploi à un membre de cette famille. Tu découvriras qu'en étant engagé avec eux dans leur problème, ils peuvent par la grâce de Dieu, être engagés avec toi dans ton Sauveur. J'insiste sur le fait qu'aucun disciple ne doit se dissocier des besoins pratiques de ceux qu'il veut gagner à Christ. Nous avons souvent été coupables de ceci dans le passé. Nous devons mieux nous comporter dans l'avenir.

16. Prie pour les malades partout où tu les trouveras. Impose-leur les mains et prie pour qu'ils soient guéris. Crois que le Seigneur les guérit. Il le fera et tu découvriras que la guéri-son des malades ouvre plusieurs portes pour l'Évangile. Ne dis pas que tu n'as pas les dons de guérisons. Quand est-ce que le Seigneur t'a dit que tu n'avais pas de tels dons ? De toute manière, oublie les dons de guérisons. La parole de Dieu dit : « *Et voici les signes qui accompagneront ceux qui au-ront cru : En mon nom, ils chasseront les démons ; ils parleront de nouvelles langues ; ils saisiront des serpents, et s'ils boivent quelque breuvage mortel, il ne leur fera aucun mal ; ils impose-ront les mains aux malades et les malades seront guéris* » (Marc 16:17-18). En fait, l'ordre d'aller prêcher l'Évangile à tous les hommes inclut le fait que ceux qui porteront ainsi l'Évan-gile aux autres imposeront les mains aux malades et ceux-ci seront guéris. Si cette partie de la grande commission qui est donnée dans Marc 16:15-18 n'est pas valide, je ne vois pas comment la première partie sera valide. Je suis pleine-ment persuadé dans mon être que ceux qui sont correcte-ment reliés au Seigneur et sortent en Son nom pour prêcher l'Évangile à toute la création, chasseront les démons au nom du Seigneur, parleront de nouvelles langues, impose-ront les mains aux malades, et ceux-ci seront guéris. Le pro-blème est qu'il y en a peu qui imposent les mains aux ma-lades, afin qu'ils soient guéris. Parce qu'ils ne sont pas prêts, soit à imposer les mains aux malades, soit à commander aux démons de sortir, soit à parler de nouvelles langues, ils ne voient rien. Pour qu'un miracle se passe, l'homme doit faire sa part et Dieu La Sienne. L'homme doit imposer ses mains au malade, et Dieu accordera la guérison au malade.

17. Le Seigneur te montrera plusieurs autres choses au sujet du

fait d'amener les gens à Lui. Écoute-Le. Lis Sa Parole. Va sur le terrain. Rends témoignage. Il t'enseignera davantage.

18. Si la personne à qui tu as rendu témoignage indique qu'elle veut croire au Seigneur Jésus pour la vie éternelle, tu dois faire ce que le Seigneur fit à ceux qui venaient à Lui. Montre-lui ce que cela coûtera de devenir un disciple de Christ. Il serait bon si tu prenais du temps pour parcourir avec lui, dans un esprit de prière, les points dans le chapitre sur « Qui est réellement un disciple ? » Laisse-lui le soin de peser soigneusement chaque chose dans son cœur. Certains diront qu'on doit permettre à la personne de faire un engagement au Seigneur et pendant qu'elle verra davantage du Seigneur, elle confrontera les aspects impliqués. Il y a quelques années, j'avais la même pensée. Maintenant, je pense différemment.

Il y a un certain nombre de raisons pour lesquelles le coût d'être disciple doit être présenté aux gens avant qu'on ne leur permette de faire un engagement au Seigneur :

La première raison est l'exemple du Seigneur. Il exigea que les disciples abandonnent tout pour Le suivre dès le début, et ils laissèrent tout et Le suivirent. Au sujet de la séparation totale d'avec le péché, la Parole de Dieu enseigne que ceux qui pratiquent le péché sont perdus et le Seigneur a toujours pris pour acquis que tous ceux qui Le suivaient avaient dit un « au revoir » final à tout péché connu. Le Seigneur n'avait pas permis au jeune homme riche de faire un engagement superficiel et de Le suivre afin de prendre du temps pour réfléchir à tout le prix à payer. Il le mit immédiatement face à tout le coût et l'homme fit le choix de garder son argent et de se priver du royaume de Dieu. Il invitait les hommes à considérer le prix.

La deuxième raison est que Celui qui est le Sauveur est en même temps le Seigneur. Il ne peut pas être reçu en tant que Sauveur et ne pas l'être comme Seigneur. Il ne peut entrer dans aucun cœur dans lequel Il ne régnera pas. Quiconque pense qu'il a Jésus en tant que Sauveur pour le sauver du péché, mais pas en tant que Seigneur pour régner se trompe lui-même. Partout où Il n'est pas Seigneur, Il n'y est pas du tout. Plusieurs personnes qui ne Lui ont pas donné la seigneurie absolue dans leurs vies découvriront en ce jour que leur conversion était fausse et que leur supposé salut était un mensonge. Ceux qui ont un cœur partagé n'ont pas de place dans le royaume de Dieu.

La troisième raison est que la semence qui était tombée le long du chemin, celle qui était tombée sur le terrain pierreux et celle qui était tombée parmi les épines, toutes représentent des gens qui avaient péri. Ils n'avaient pas de place dans le royaume de Dieu. La semence qui était tombée sur le terrain pierreux et la semence qui était tombée parmi les épines avaient germé et atteint une certaine croissance, mais quelle fut son utilité finale ? Y avait-il eu du fruit ? Le diable enleva la semence avant qu'elle ne germe dans un cas, mais dans les deux autres cas, il eut la semence (comme bois) après la germination. Cependant, dans tous les trois cas, il avait eu la semence. Si une personne, dès le début, ne veut pas faire tout le chemin, comment peut-elle avoir un bon fonctionnement dans le Seigneur ?

La quatrième raison est que quiconque n'est pas prêt à aller avec le Seigneur à n'importe quel prix, sur les conditions personnelles du Seigneur, n'a pas réellement reçu un ministère de vie par l'Esprit de Dieu. Sa repentance n'est pas authentique. Elle pourra être le fruit d'une manipulation charnelle des émotions, de la pensée ou de l'intelligence de la personne, (et ceci peut facilement être fait par un prédicateur ou celui qui rend témoignage), mais aucune œuvre authentique de Dieu n'a été accomplie. Parce qu'il n'y a pas eu d'œuvre authentique de Dieu, la personne ne peut pas rendre à Dieu une réponse qui viendrait normalement, si le Saint-Esprit avait réellement travaillé dans sa vie.

Nous concluons que le prix à payer devrait être présenté à celui qui veut recevoir le Seigneur. S'il vient alors au Seigneur sur ces termes, il commencera sa vie en Christ en tant que vrai disciple et dans son cas, disciple et croyant seront la même chose, telle que le Seigneur avait voulu que cela fût. Amen.

CHAPITRE 5

LA FORMATION
DES DISCIPLES - 2

TRANSFORMER UN JEUNE
DISCIPLE EN DISCIPLE MÛR (1)

Nous avons déjà vu que les gens ont besoin d'être amenés à Christ. Nous avons aussi vu que le ministère d'amener les gens à Christ doit être effectué de telle manière que le jeune converti soit consacré disciple dès le début.

Le travail du faiseur de disciples est de coopérer avec le Saint-Esprit pour s'assurer que le jeune disciple grandit dans la connaissance et le service du Seigneur et est, par là, transformé de l'enfant à l'adulte spirituel. La tâche du faiseur de disciples n'est pas simplement de lui enseigner les techniques. Il devra œuvrer dans le Saint-Esprit. L'apôtre Paul écrit : « *Mes enfants, pour qui j'éprouve de nouveau les douleurs de l'enfantement, jusqu'à ce que Christ soit formé en vous* » (Galates 4:19). Ceci était réellement du travail.

Il y a des expériences dans lesquelles il faudra aider le jeune disciple à entrer. C'est là le devoir du faiseur de disciples, en coopération avec le Saint-Esprit. Nous écrivons les choses ici, pas nécessairement dans l'ordre dans lequel elles doivent être entreprises. Chacun peut utiliser un ordre différent, mais nous suggérons très fortement que chaque aspect soit minutieusement entrepris, et pas juste du point de vue théorique. Que chaque faiseur de disciples, s'étant assuré que ces choses sont vraies dans sa propre expérience, ne se repose pas jusqu'à ce que celui qu'il forme soit entré dans la réalité de chacune d'elles. Ceci montre pourquoi chaque jeune converti doit être pris par quelqu'un qui lui accordera une attention personnelle et l'aidera à grandir normalement. Ces expériences englobent entre autres :

1. La délivrance des démons, des influences démoniaques et

d'autres liens.

2. La guérison physique.

3. La guérison intérieure.

4. La restitution.

5. Le baptême dans l'eau.

6. La consécration.

7. Le baptême dans le Saint-Esprit.

8. L'assurance du salut.

9. La délivrance du péché.

10. Le caractère chrétien.

11. Le service chrétien.

Nous allons considérer chacun de ces thèmes très brièvement dans ce chapitre. Dans le prochain chapitre, nous allons examiner les autres aspects qu'on doit enseigner au jeune disciple et l'aider à les expérimenter et à les mettre en pratique. Elles englobent :

1. la prière

2. l'étude biblique

3. l'utilisation du temps

4. l'utilisation de l'argent

5. connaître la volonté de Dieu

6. l'ambition spirituelle

7. la discipline

8. l'évangélisation

Nous insistons sur le fait que ces choses ne doivent pas être

entreprises de manière que le jeune disciple emmagasine beaucoup de connaissances théoriques. Une connaissance de ce
genre conduira à l'orgueil, et c'est là un piège dans lequel tom-
bent facilement plusieurs jeunes disciples ; car ils peuvent être
tentés de penser que du fait qu'ils ont ainsi intellectuellement
des concepts, ils sont devenus spirituels. La spiritualité n'est pas
une question de théorie, mais d'expérience spirituelle. Ainsi,
jusqu'à ce que ces choses deviennent réelles dans l'expérience
du disciple, elles ne sont pas très utiles. Le Seigneur Jésus dit :
« *Si vous savez ces choses, vous êtes heureux, pourvu que vous les pratiquiez* » (Jean 13:17). « *C'est pourquoi, quiconque entend ces paroles
que je dis et les met en pratique, sera semblable à un homme prudent
qui a bâti sa maison sur le roc. La pluie est tombée, les torrents sont
venus, les vents ont soufflé et se sont jetés contre cette maison : elle
n'est point tombée, parce qu'elle était fondée sur le roc* » (Matthieu
7:24-25).

1 - LA DÉLIVRANCE DES DÉMONS, DES INFLUENCES DÉMONIAQUES ET D'AUTRES LIENS

En fait, ce ministère doit être exercé comme faisant partie du
processus de conduire la personne au Seigneur. C'est mieux de
briser toutes les forteresses de Satan dans la vie de la personne
avant de l'encourager à donner sa vie au Seigneur. Cependant,
si la personne n'a pas reçu de ministère dans ce domaine, elle
doit recevoir ce ministère le plus tôt possible après. Certains
croyants pensent qu'un croyant ne peut pas avoir de démon.
Normalement, il devrait en être ainsi, mais il y a plusieurs situations anormales. Premièrement, on doit réaliser que bien que
certains démons aient crié et soient sortis de ceux en qui ils ha-
bitaient dès qu'ils voyaient Jésus, d'autres ne sortaient pas de la

même manière. Certains restaient dans la personne même en présence du Seigneur de gloire et même, ils Lui parlaient, et ne s'en allaient qu'après qu'Il leur eut commandé de sortir de la personne. S'Il ne leur avait pas commandé de sortir, ils seraient restés. Ainsi, celui qui vient à Christ doit recevoir le ministère de la délivrance dans le cas où il a des démons. Si le ministère a été omis, il ne doit pas être écarté par présomption que le démon ou les démons sont sortis. La deuxième chose est que si quelqu'un s'est volontairement livré à Satan en tant que non-croyant et a signé un pacte avec les démons, le pacte ne sera brisé qu'après qu'il a confessé qu'il avait volontairement participé à ce pacte, et qu'il veut maintenant qu'il soit brisé. Lorsqu'il aura dénoncé personnellement le diable, les démons s'enfuiront. Tant qu'il ne les aura pas dénoncés et rejetés, ils auront une sorte de droit « légal » de rester dans la personne, ou de la tourmenter de l'extérieur de diverses façons, sous forme d'oppressions démoniaques. Je connais des gens qui avaient goûté aux profondeurs de Satan avant de venir au Seigneur. Certains avaient été baptisés en Satan, d'autres étaient des médiums, d'autres encore étaient des prêtres sataniques. Chacune de ces personnes avait besoin d'un ministère très spécial, avant de pouvoir se fixer spirituellement.

Si tu crois que le démon oppresse la personne de l'intérieur ou de l'extérieur, cela importe peu ; rends-lui un ministère de délivrance. Le Seigneur a dit que ceux qui croient en Lui chasseront les démons. Tu commandes au démon de sortir de la personne au nom de Jésus. Il obéira et s'en ira. Si tu es incapable de régler la situation, sollicite l'aide d'un disciple qui est plus capable de rendre le ministère de délivrance.

Le jeune disciple doit aussi être délivré des liens des choses telles que le tabac, les drogues et les choses semblables. Il doit quitter toute société secrète ou système occulte dans lesquels il était engagé. Il doit jeter tous les charmes, les choses magiques, les articles de sorcellerie, etc., qu'il possédait. Tous les livres magiques, les livres d'astrologie, de chiromancie, et tous les arts secrets de Satan doivent être détruits.

Quand le Seigneur impartit la vie à Lazare, il la reçut et sortit de la tombe. Il eut la vie, mais il resta encore lié. Le Seigneur n'ignora pas qu'il était encore lié, et Il ne dit pas que le fait qu'il était lié signifiait qu'il n'avait pas la vie. Le Seigneur reconnut que Lazare avait la vie, mais demeurait encore lié. Le Seigneur donna la vie à Lazare. Il ne demanda pas aux disciples ou à quelqu'un d'autre de lui donner la vie. C'était là Son travail et Il l'accomplit bel et bien. Cependant, quand Lazare sortit de la tombe, le Seigneur ne S'avança pas pour le délier. Il commanda plutôt : « *Déliez-le et laissez-le partir* » (Jean 11:44).

Aujourd'hui, le Seigneur impartira encore la vie à ceux qui sont morts dans leurs offenses et péchés. Nous Le louons pour cela. Cependant, Il nous dit : « Déliez-le, et laissez-le partir ». Si nous obéissons, les gens seront déliés et s'en iront libres. Si nous n'obéissons pas ou si nous disons qu'ils ne sont pas liés, ils resteront dans les liens. C'est là le défi de la formation des disciples.

Cela peut être le lien de la nourriture, la masturbation, l'homosexualité, la promiscuité sexuelle ou l'obsession sexuelle. Dans tout ceci, le Seigneur Jésus est la réponse inaltérable de Dieu. Le peuple de Dieu doit se lever et, au nom de Jésus, libérer la personne. Il n'y a pas de choix là-dessus.

Le ministère présuppose que le faiseur de disciples est entré lui-même dans sa pleine liberté en Christ. Sinon, il doit chercher immédiatement de l'aide pour lui-même et pour celui qu'il est en train de faire disciple.

2 - LA GUÉRISON PHYSIQUE

Le Seigneur Jésus ne pardonne pas seulement les péchés ; Il guérit aussi des maladies. Dans la grande expiation sur la croix, la guérison. La Bible dit : « *Cependant, il a porté nos souffrances (ou maladies). Il s'est chargé de nos douleurs (peines). Et nous l'avons considéré comme puni, frappé de Dieu et humilié. Mais il était blessé pour nos péchés, brisé pour nos iniquités. Le châtiment qui nous donne la paix est tombé sur lui. Et c'est par ses meurtrissures que nous sommes guéris* » (Esaïe 53:4-5).

La Bible dit encore : « *Le soir, on amena auprès de Jésus plusieurs démoniaques. Il chassa les esprits par sa parole, et il guérit tous les malades, afin que s'accomplît ce qui avait été annoncé par Esaïe, le prophète : Il a pris nos infirmités, et il s'est chargé de nos maladies* » (Matthieu 8:16-17). La Bible dit encore : «*...lui qui a porté lui-même nos péchés en son corps sur le bois, afin que morts aux péchés nous vivions pour la justice ; lui par les meurtrissures duquel vous avez été guéris* » (1 Pierre 2:24).

Parce que le Seigneur Jésus a porté sur Lui-même toutes les infirmités et toutes les maladies du monde, Il a aussi pris sur Lui-même toute maladie dont le jeune disciple peut souffrir. Bien que le Seigneur Jésus ait ôté toutes ces maladies dans Sa mort, les gens ne sont pas automatiquement guéris lors de leur conversion. Il a ordonné que ceux qui croient en Lui doivent coopérer avec le Saint-Esprit en appliquant au monde maintenant tout ce qui a été racheté et acquis à la croix. À défaut de cette coopération avec le Saint-Esprit, plusieurs des rachats de la croix seront inutilisés. Parce que le Seigneur a acquis un salut parfait et plein qui englobait la libération totale de tout péché et des maladies, Il dit que ceux qui croient en Lui imposeront les mains aux malades et ils seront guéris. S'il y a une quelconque maladie ou infirmité qui dérange le jeune disciple, montre-lui à partir de la Parole de Dieu que par les meurtrissures du Seigneur, il a été guéri lorsque Jésus est allé à la croix. Fais-lui voir que ce qu'il lui faut, c'est l'application, l'entrée en possession de ce qui a déjà été accompli. Cette application ou cette possession est accomplie lorsque son faiseur de disciples et lui remercient Dieu pour l'œuvre parfaite de la croix et que les mains lui sont imposées par la foi pour la guérison. Dès qu'il comprend cela, il doit y entrer tout de suite. Peu importe que la maladie soit petite ou grande, le Seigneur Jésus ne fait pas acception des maladies. Il n'y a pas de maladie qu'Il n'ait portée sur Lui pendant qu'Il souffrait pour le monde. Ne sois pas trompé en croyant que cette maladie particulière est incurable. Jésus n'a aucune liste des maladies incurables. Elle pourrait être incurable pour l'homme, mais non pour Dieu. La Bible dit : « *Aux hommes, cela est impossible, mais à Dieu tout est possible* » (Matthieu 19:26).

Lorsqu'on a imposé les mains au jeune disciple, il doit obtenir sa guérison par la foi et les symptômes disparaîtront soit immédiatement, soit progressivement. Il est guéri.

3 - LA GUÉRISON INTÉRIEURE

Le jeune disciple peut aussi avoir besoin de la guérison in-térieure. La guérison intérieure a trait à la guérison des souve-nirs. Il peut avoir vécu des circonstances frustrantes dans son enfance ; il peut avoir été privé de l'amour de ses parents ; il a peut-être été traité comme une personne indésirable ; il a peut-être été rejeté ; peut-être l'a-t-on comparé négativement à des gens ou à quelqu'un ; ses rêves d'enfance se sont peut-être éva-nouis ; il a peut-être souffert d'un certain blocage ; peut-être qu'il a échoué à un examen et est par conséquent hanté par un pro-fond sentiment d'échec. Toutes ces choses et une multitude d'autres ont pu le pousser à réagir d'une manière ou d'une au-tre. Il les a enterrées au tréfonds de son subconscient, et elles y étaient cachées et semblaient non-existantes ; mais elles sont tout de même là et le contrôlent. La peur d'échouer ou le manque de confiance en soi-même peut rendre une personne arrogante et orgueilleuse pour dissimuler cette peur ou ce manque de confiance. Elle peut aussi produire une personne qui ne voit rien de bon en elle. Le manque d'amour produit des gens durs et froids qui languissent après l'amour, mais peuvent pré-tendre qu'ils n'en ont pas besoin. Un enfant dont l'autorité du père était écrasante peut réagir négativement à toute autorité. Ceux qui ont souvent besoin de guérison intérieure sont des gens qui sont blasés dans la vie, ou essaient désespérément de prouver qu'ils n'ont pas échoué. Les réactions qui manifestent le fait qu'une personne a besoin de guérison intérieure peuvent varier. En fait, elles sont nombreuses. Certains ont besoin de guérison intérieure dans plusieurs domaines de leur personna-lité.

Dans le ministère de la guérison intérieure, le faiseur de disciples doit avoir reçu lui-même la guérison intérieure ; car c'est difficile de conduire les gens dans ce qu'on n'a pas soi-même expérimenté. Ci-dessous sont mentionnées certaines étapes à suivre dans la guérison intérieure.

1. Il faut que la personne ait réellement besoin de la guérison intérieure.

2. Elle doit avoir profondément confiance au faiseur de disciples. Si elle doute de lui, elle ne va pas s'ouvrir à lui totalement, et elle recevra très peu d'aide.

3. Le disciple et le faiseur de disciples doivent choisir un moment convenable pour le ministère. Il faut que ce soit un temps où tous les deux sont vraiment libres et détendus pour qu'ils n'aient pas besoin de précipiter les choses.

4. Tous deux doivent croire que le Seigneur est disposé et capable de déterrer du subconscient tout ce qui y a été enterré et qui doit être connu.

5. Le disciple doit demander au Seigneur de ramener à sa conscience toutes les choses enterrées dans son subconscient et qui doivent être déterrées pour la guérison.

6. Souvent, la personne trouvera difficile de parler de certaines choses. Ces choses qu'il trouve très difficiles à mentionner sont justement celles dont il doit parler, car c'est probablement là que se trouve son problème.

7. La personne doit juste partager librement tout ce qu'elle a traversé depuis l'enfance. Pendant qu'elle partage, elle exposera sa personne à la guérison. Si le faiseur de disciples a de l'expérience dans la guérison intérieure, pendant qu'il écoute, il détectera où se situe le problème. Même s'il

n'est pas expérimenté dans la guérison, et qu'il n'y a personne de plus expérimenté que lui vers qui il peut envoyer son disciple, il doit continuer et avoir confiance que le Seigneur l'aidera à voir.

8. Parfois, des promesses non réalisées, des actes de péché et des choses semblables bloquent une personne intérieurement. Les relations sexuelles avant le mariage peuvent pousser une personne à réagir négativement devant tout rapport sexuel dans le mariage. On trouve souvent la libération lorsque le péché n'est pas seulement confessé généralement, mais quand l'acte spécifique de péché sexuel est exposé et confessé au Seigneur.

9. Le simple partage ne suffit pas. Pour que la blessure soit totalement guérie, afin que la personne soit à jamais délivrée, une puissance plus grande que la personne doit être invitée. Cette puissance est le Seigneur Jésus, Celui qui guérit. Le disciple et le faiseur de disciples doivent prier ensemble, Lui présenter clairement la blessure et Lui demander de l'ôter de manière permanente.

10. Il faut recevoir la guérison par la foi et agir en conséquence. L'effet peut être immédiat ou progressif. Cependant, après qu'on a demandé à Jésus de guérir, on doit croire qu'Il l'a fait.

11. Des confessions d'amour et d'autres actes de restitution doivent immédiatement suivre la guérison intérieure, pour que la guérison soit durable. Celui qui est guéri doit continuer à confesser sa guérison. Cela aidera, s'il est immédiatement rempli du Saint-Esprit, afin que Lui (Le Saint-Esprit) puisse combler la place qui était occupée par la blessure, le ressentiment, l'amertume ou le sentiment

d'échec.

12. La personne qui a été guérie doit déterminer et mettre effectivement en pratique l'habitude de traiter honnêtement avec toutes les blessures et refuser de prétendre làdessus et de les enterrer. Quand elle est blessée, elle doit rapidement admettre qu'elle a été blessée, soumettre tout de suite sa blessure au Seigneur Jésus et en être libérée de façon permanente.

13. Le ministère de la guérison intérieure peut continuer pour longtemps pendant que les différents aspects de la personne sont exposés pour la guérison.

4 - LA RESTITUTION

La Bible dit : « *Si quelqu'un est en Christ, il est une nouvelle créature. Les choses anciennes sont passées ; voici, toutes choses sont devenues nouvelles* » (2 Corinthiens 5:17). Dire que les choses anciennes sont passées et que toutes choses sont devenues nouvelles, doit être conforme à la réalité et ne pas être juste une théorie. Ceci signifie qu'il faut aider le jeune converti à mettre fin à toutes les œuvres des ténèbres dans sa vie. La Bible dit : « *...qui nous a délivrés de la puissance des ténèbres et nous a transportés dans le royaume du Fils de son amour, en qui nous avons la rédemption par son sang, la rémission des péchés* » (Colossiens 1:13-14). Toutes choses qui appartiennent au royaume des ténèbres doivent être mises au clair.

La Bible enseigne qu'il faut effectuer la restitution. Nous allons citer deux passages de l'Ancien Testament et un du Nouveau Testament. Mais on rencontre l'esprit de restitution dans toute la Parole de Dieu ; car c'est l'esprit d'honnêteté et d'intégrité. C'est l'esprit de vérité. La Parole de Dieu dit : « *Si un homme dérobe un bœuf ou un agneau, et qu'il l'égorge ou le vende, il restituera cinq bœufs pour le bœuf et quatre agneaux pour l'agneau. Si le voleur est surpris dérobant avec effraction, et qu'il soit frappé et meure, on ne sera point coupable de meurtre envers lui ; mais si le soleil est levé, on sera coupable de meurtre envers lui. Il fera restitution ; s'il n'a rien, il sera vendu pour son vol ; si ce qu'il a dérobé, bœuf, âne, ou agneau, se trouve encore vivant entre ses mains, il fera une restitution au double* » (Exode 22:1-4). « *Si un feu éclate et rencontre des épines, et que du blé en gerbes ou sur pied, ou bien le champ, soit consumé, celui qui a causé l'incendie sera tenu à un dédommagement. Si un homme donne à un autre de l'argent ou des objets à garder, et qu'on les vole dans la maison de ce dernier, le voleur fera une restitution au double* » (Exode 22:6-7). « *Mais Zachée, se tenant devant le Seigneur, lui dit : Voici, Seigneur, je donne aux pauvres la moitié de mes biens, et, si j'ai fait tort de quelque chose à quelqu'un, je lui rends le quadruple. Jésus lui dit : Le salut est entré aujourd'hui dans cette maison, parce que celui-ci est aussi un fils d'Abraham. Car le Fils de l'homme est venu chercher et sauver ce qui était perdu* » (Luc 19:8-10).

Si tu as volé une chose quelconque à quelqu'un avant ta conversion, il te faudra effectuer la restitution. La chose volée devra être restituée avec intérêt. Si tu n'as pas d'argent pour le moment, il te faudra aller voir la personne à qui tu as dérobé la chose et lui confesser cela et régler avec elle comment et quand tu lui paieras. Des biens volés, des livres, des radios, etc., doivent être restitués et des compensations doivent être faites pour toute la durée pendant laquelle le vrai propriétaire a été privé de ses biens. Les vols dans les écoles doivent être réglés de la même manière. Ceux qui ont dérobé au gouvernement des impôts, des frais de douanes, etc., devront confesser ces péchés et entreprendre en conséquence la restitution. Des diplômes ob-

138 FAIRE DES DISCIPLES

tenus par des voies frauduleuses doivent être retournés aux écoles concernées avec les confessions adéquates ; les fausses promotions devront être abandonnées ; les âges falsifiés devront être rectifiés. Des biens mal acquis doivent être remboursés aux personnes concernées. De fausses relations devront être confessées et détruites. Des relations qui étaient bâties dans le but d'exploiter l'autre partie devront être confessées et arrêtées. Des affections déplacées devront être redressées. Des péchés commis contre des individus devront être confessés à ces individus, et les choses devront être mises au clair ; et les péchés commis contre des groupes et organisations devront être confessés à ces groupes et organisations. Toute malhonnêteté devra être confessée et abandonnée. De simples mensonges dits devront être confessés aux individus qui étaient trompés, et la vérité devra être dite. Les fausses impressions qu'on a données pendant de courtes ou longues périodes devront être confessées et la vérité qui vient du fond du cœur devra être dite. Les fausses raisons données pour certaines activités devront être confessées et la vérité dite. Les exagérations, les demi-vérités, etc., incluant toute forme de fausseté pratiquée avant ou après la conversion devront être confessées et la vérité amenée à la lumière. La restitution devra être profonde et minutieuse et le jeune disciple devra être encouragé par celui qui le forme, à prier pour demander au Seigneur de sonder son cœur et de lui montrer s'il est sur une mauvaise voie. La Bible dit : « *Car l'Éternel sonde tous les Cœurs et pénètre tous les desseins et toutes les pensées* » (1 Chroniques 28:9). « *Moi, l'Éternel, j'éprouve le cœur, je sonde les reins, pour rendre à chacun selon ses voies, selon le fruit de ses œuvres* » (Jérémie 17:10). « *Sonde-moi, ô Dieu, et connais mon cœur ! Éprouve-moi, et connais mes pensées ! Regarde si je suis sur une mauvaise voie, et conduis-moi sur la voie de l'éternité !* » (Psaume

139:23-24). Le Seigneur Jésus dit : « *Et toutes les Églises connaî-tront que je suis celui qui sonde les reins et les cœurs, et je vous ren-drai à chacun selon vos œuvres* » (Apocalypse 2:23).

Le Seigneur peut ne pas exposer en un seul jour tout ce qui nécessite d'être mis au clair. Son Esprit lui montrera très pro-bablement une chose à la fois. Quand il aura réglé une chose, alors, Il montrera la suivante, et ainsi de suite. S'Il te montre quelque chose qui doit être mis au clair, et que tu ne veuilles pas le faire, Il cessera de te montrer les choses à mettre au clair ; car Il ne s'amuse pas avec les gens. S'Il te montre quelque chose que tu dois restituer et que tu refuses de le faire à cause de la crainte de l'homme ou parce que tu crains les conséquences, Il te mettra complètement de côté. Tu seras comme la semence qui est tombée sur le terrain pierreux ou parmi les épines. Tu auras prouvé que ta conversion était une activité de la chair et non de l'Esprit : car la chair craint l'homme et craint les consé-quences. La Bible dite : « *Quiconque pèche transgresse la loi, et le péché est la transgression de la loi. Or, vous le savez, Jésus a paru pour ôter les péchés, et il n'y a point en lui de péché. Quiconque demeure en lui ne pèche point ; quiconque pèche ne l'a pas vu, et ne l'a pas connu. Petits enfants, que personne ne vous séduise. Celui qui pra-tique la justice est juste, comme lui-même est juste. Celui qui pèche est du diable, car le diable pèche dès le commencement. Le Fils de Dieu a paru afin de détruire les œuvres du diable. Quiconque est né de Dieu ne pratique pas le péché, parce que la semence de Dieu de-meure en lui ; et il ne peut pécher, parce qu'il est né de Dieu. C'est par là que se font reconnaître les enfants de Dieu et les enfants du diable. Quiconque ne pratique pas la justice n'est pas de Dieu, non plus que celui qui n'aime pas son frère* » (1 Jean 3:4-10).

Quand le Saint-Esprit montre une chose qui doit être

confessé et mis au clair et que la personne refuse d'obéir, elle commet le péché et rend ainsi témoignage au fait qu'elle n'est pas née de Dieu ou qu'elle ne veut pas continuer dans la Famille de Dieu. Le Seigneur Jésus dit : « *Toute plante que n'a pas plantée mon Père céleste sera déracinée* » (Matthieu 15:13). Refuser de régler les choses que le Saint-Esprit te montre comme étant mauvaises et devant être mises au clair, c'est confesser par ta propre vie que tu n'avais jamais été planté en Christ par le Père. Tu seras déraciné ! L'attitude d'une personne vis-à-vis du péché au niveau le plus profond, sa rupture radicale avec tout péché et toute hypocrisie, sont l'évidence de la nouvelle naissance d'en haut.

Aucun menteur qui continue à mentir sous de petites formes ou de grandes formes ne sera trouvé dans le royaume de Dieu. Le royaume de Dieu est un royaume du Seigneur de la vérité. La Bible dit : « *Mais pour les lâches, les incrédules, les abominables, les meurtriers, les impudiques, les enchanteurs, les idolâtres, et tous les menteurs, leur part sera dans l'étang ardent de feu et de soufre, ce qui est la seconde mort* » (Apocalypse 21:8). « *Il n'entrera chez elle rien de souillé, ni personne qui se livre à l'abomination et au mensonge ; il n'entrera que ceux qui sont écrits dans le livre de vie de l'Agneau* » (Apocalypse 21:27). Par implication, ceux qui pratiquent des abominations et le mensonge ne sont pas écrits dans le livre de vie. Leurs abominations et leurs mensonges sont à l'évidence qu'ils se trompent eux-mêmes. Ils le savent et Dieu le sait. Pratiques-tu un quelconque mensonge dans un domaine quelconque de ta vie ? Vas-tu continuer ? Sais-tu ce que cela signifie ? La Bible dit : « *Heureux ceux qui lavent leurs robes, afin d'avoir droit à l'arbre de vie, et d'entrer par les portes dans la ville ! Dehors les chiens, les enchanteurs, les impudiques, les meur-*

triers, les idolâtres, et quiconque aime et pratique le mensonge » (Apocalypse 22:14-15).

Si tu aimes et pratiques le mensonge dans un domaine ou un autre de ta vie, et si tu ne laves pas immédiatement ta robe de ce mensonge en confessant ce mensonge et en le traitant radicalement une fois pour toutes, tu n'entreras jamais dans la ville céleste. Tu n'as pas de place et de part en elle. Tu es hors de la ville. Tu seras hors de la ville. La restitution pourra te coûter ton emploi, ton honneur, ton mariage et tous tes biens ; mais qu'est-ce cela par rapport à la vie éternelle ? As-tu pensé à ce que cela coûta à Zachée ? Il donna la moitié de ses biens aux pauvres. Sa propriété fut réduite à 50 %. Ensuite il paya le quadruple pour tout ce qu'il avait dérobé ! Dans l'Ancien Testament, la personne qui ne pouvait pas restituer était vendue. Il n'y a pas de raccourcis dans le royaume de Dieu. La "croyance simpliste " de nos jours est une grande tromperie. Plusieurs seront choqués en ce jour-là, quand ils découvriront que leurs noms n'avaient jamais été écrits dans le livre de vie parce que leur mensonge n'avait pas été radicalement traité.

Le faiseur de disciples priera pour le disciple pendant qu'il confronte ces aspects. Il ne doit pas l'aider à couvrir un péché quelconque ; car ce serait le faire dévier et le pousser à trébucher. S'il devait le faire, les paroles suivantes du Seigneur s'appliqueraient au faiseur de disciples : « *Mais, si quelqu'un scandalisait un de ces petits qui croient en moi, il vaudrait mieux pour lui qu'on suspendît à son cou une meule de moulin, et qu'on le jetât au fond de la mer* » (Matthieu 18:6). Le faiseur de disciples doit être prêt à aller avec le disciple vers ceux à qui il doit remettre les choses volées et faire des confessions et des restitutions. Il doit le soutenir dans la prière et le jeûne ; car le disciple peut se trouver dans un carrefour. Plusieurs se sont détournés et sont rentrés dans le monde, parce que le coût de la restitution était trop élevé.

Voilà un peu ce qui concerne l'inévitable restitution. Pendant que le faiseur de disciples aide le jeune disciple, il se pourrait que lui-même voie des domaines où il a besoin d'entreprendre la restitution. Il faut qu'il agisse tout de suite, sinon il subira les conséquences d'avoir caché le péché.

Cela semble-t-il trop exigeant ? Je dois dire que je ne sais pas si c'est trop exigeant. Les exigences ne sont pas de moi. Celui qui a établi les exigences dit : « *Entrez par la porte étroite. Car large est la porte, spacieux est le chemin qui mènent à la perdition, et il y en a beaucoup qui entrent par là. Mais étroite est la porte, resserré le chemin qui mènent à la vie et il y en a peu qui les trouvent* » (Matthieu 7:13-14). Il dit encore : « *Ceux qui me disent : Seigneur, Seigneur ! n'entreront pas tous dans le royaume des cieux, mais celui-là seul qui fait la volonté de mon Père qui est dans les cieux. Plusieurs me diront en ce jour-là : Seigneur, Seigneur, n'avons-nous pas prophétisé par ton nom ? n'avons-nous pas chassé des démons par ton nom ? et n'avons-nous pas fait beaucoup de miracles par ton nom ? Alors je leur dirai ouvertement : Je ne vous ai jamais connus, retirez-vous de moi, vous qui commettez l'iniquité* » (Matthieu 7:21-23).

Cela semble-t-il trop coûteux ? Eh bien, je ne sais pas. Le standard n'a pas été établi par moi. Celui de qui vient le standard dit : « *Vous avez appris qu'il a été dit : Tu ne commettras point d'adultère. Mais moi je vous dit que quiconque regarde une femme pour la convoiter a déjà commis un adultère avec elle dans son cœur. Si ton œil droit est pour toi une occasion de chute, arrache-le et jette-le loin de toi ; car il est avantageux pour toi qu'un seul de tes membres périsse, et que ton corps entier ne soit pas jeté dans la géhenne. Et si ta main droite est pour toi une occasion de chute, coupe-la et jette-la loin de toi ; car il est avantageux pour toi qu'un seul de tes membres périsse, et que ton corps entier n'aille pas dans la géhenne »* (Matthieu 5:27-30).

Ceci concerne la restitution. Le Seigneur conduira le faiseur de disciples et le disciple dans les aspects plus profonds de la restitution et leur expliquera plusieurs choses, y inclus les « pourquoi » et les « comment » des choses sur lesquelles nous ne pouvons pas écrire dans ces pages. Il aidera tous ceux qui sont désireux d'entrer dans la plénitude des choses.

5 - LE BAPTÊME DANS L'EAU

Le Seigneur Jésus a demandé aux disciples de faire des disciples et de les baptiser au nom du Père, du Fils et du Saint-Esprit. Le jeune disciple doit être baptisé dans l'eau. Normalement, il doit être baptisé le jour même où il devient disciple. Au temps de la Bible, c'était normal de baptiser les gens dès qu'ils avaient cru ; mais on ne peut établir aucune loi là-dessus. Le Seigneur Jésus fut baptisé à l'âge de trente ans. Saul de Tarse fut baptisé trois jours après sa rencontre avec le Seigneur ressuscité. Le jour de la Pentecôte, ceux qui avaient cru furent baptisés ce même jour. Les gens dans la maison de Corneille furent baptisés le jour même où ils crurent. Le geôlier de Philippe fut baptisé la nuit même où il crut. L'eunuque éthiopien fut baptisé le jour même où il crut.

Comme nous l'avons dit avant, si l'Évangile est bien présenté à une personne et si les méthodes charnelles ne sont pas utilisées pour forcer la personne à prendre une décision prématurée, si l'œuvre a réellement été accomplie par le Père qui, seul, attire les gens au Seigneur Jésus, ceux qui reçoivent le Seigneur seront prêts pour le baptême aussitôt qu'ils sont sauvés. Nous insistons sur le fait qu'il faut que ce soit une œuvre du Seigneur! Des exemples de la conversion de Saul de Tarse, des Samaritains, de l'eunuque éthiopien, de la maison de Corneille et des autres dans le Nouveau Testament, montrent clairement ce qui était produit par le Saint-Esprit. Il y a une différence évidente avec les résultats des évangélistes et croyants non-consacrés d'aujourd'hui. Un évangéliste charnel ne peut produire que ce qui est de la chair. Un croyant vivant dans le péché peut difficilement être utilisé pour amener les gens à une communion vitale avec Dieu, car « Tel père, tel fils ». Cependant, le disciple qui est véritablement un disciple est différent. Son message va susciter une réponse. Le message de Pierre le jour de la Pentecôte poussa l'auditoire à demander : « *Hommes frères, que ferons-nous ?* » (Actes 2:37). Saul de Tarse demanda : « *Que ferai-je Seigneur ?* » (Actes 22:10). Le geôlier de Philippes demanda : « *Seigneur que faut-il que je fasse pour être sauvé ?* » (Actes 16:30). L'eunuque éthiopien demanda : « *Voici de l'eau ! Qu'est ce qui empêche que je sois baptisé ?* » (Actes 8:36).

La différence qui existe entre les engagements à Christ maintenant et les engagements à Christ dans l'Église primitive est qu'à l'époque, c'était impopulaire de devenir chrétien et peu de gens faisaient des engagements superficiels ; car l'engagement à Christ pouvait signifier un engagement à la mort. Aujourd'hui, le standard de vie du chrétien dans plusieurs parties du monde est tel que cela ne coûte rien de devenir un chrétien et des multitudes font des décisions superficielles et sont trempées au nom du Seigneur. Je suis persuadé qu'avec la persécution, les choses changeront et la plupart de ceux qui voudront être baptisés seront des convertis authentiques.

Il est normal que le faiseur de disciples baptise le disciple. Cependant, s'il y a quelque chose qui rend cela difficile ou impossible, il doit s'arranger avec quelqu'un d'autre pour le baptiser. Permets-moi de t'avertir que pendant les jours de la vraie persécution qui arrive, les gens seront baptisés en secret et il n'y aura pas de place pour la pompe religieuse que certains associent au baptême. En ces jours-là, ceux qui pensent qu'ils ont reçu du Seigneur un office pour baptiser les gens, mais non pas pour les amener au Seigneur perdront leur prestige. Si je comprends la Bible, je comprends que quiconque peut former des disciples et qui forme des disciples est pleinement qualifié devant Dieu pour les baptiser.

Le baptême n'est pas juste un signe. La Bible dit que c'est l'ensevelissement avec Christ; c'est la réponse d'une bonne conscience envers Dieu, c'est être ressuscité avec Christ en nouveauté de vie. « *Ayant été ensevelis avec lui par le baptême, vous êtes aussi ressuscités en lui et avec lui par la foi en la puissance de Dieu, qui l'a ressuscité des morts* » (Colossiens 2:12). « *Ignorez-vous que nous tous qui avons été baptisés en Jésus-Christ, c'est en sa mort que nous avons été baptisés ? Nous avons donc été ensevelis avec lui par le baptême en sa mort, afin que, comme Christ est ressuscité des morts par la gloire du Père, de même nous aussi nous marchions en nouveauté de vie* » (Romains 6:3-4). « *Cette eau était une figure du baptême, qui n'est pas la purification des souillures du corps, mais l'en-*

gagement d'une bonne conscience envers Dieu, et qui maintenant vous sauve, vous aussi, par la résurrection de Jésus-Christ » (1 Pierre 3:21).

Pendant qu'une personne entre dans les eaux du baptême, elle prend avec elle son monde. Les deux entrent dans l'eau. Le monde a été jugé sur la croix ; ainsi, il n'a pas de puissance de résurrection. Le croyant a la vie de Dieu et il ressort donc de l'eau en nouveauté de vie pendant que le monde reste dans l'eau. Le baptême signifie aussi qu'une personne, en se faisant baptiser, a crucifié la chair et ses désirs. Ainsi donc, quiconque aime le monde ou vit dans les convoitises de la chair après qu'il a été baptisé contredit son baptême et se fait à lui-même beaucoup de mal.

Il n'y a pas d'endroit dans la Parole de Dieu qui parle du baptême des non-croyants. Tous ceux qui se sont repentis sont qualifiés pour le baptême sans qu'il soit tenu compte de leur âge.

Le baptême est un enterrement. La Bible indique une seule façon d'effectuer le baptême. C'est par immersion. La personne tout entière est plongée dans l'eau juste comme on met quelqu'un complètement dans la tombe lors de l'enterrement. Baptiser c'est « immerger », « enfoncer », « ensevelir ! » Cela ne peut jamais signifier asperger. Tous ceux qu'on asperge ne sont pas baptisés.

Une personne peut être immergée sans qu'elle soit repentie et tournée authentiquement au Seigneur Jésus. Elle a été immergée, mouillée, mais elle n'a pas reçu le baptême biblique.

C'est quand elle se repent et croit au Seigneur qu'elle doit être baptisée. Le Seigneur Jésus dit : « *Celui qui croira et qui sera baptisé sera sauvé, mais celui qui ne croira pas sera condamné* » (Marc 16:16). L'apôtre Pierre dit : « *Repentez-vous et que chacun de vous soit baptisé au nom de Jésus-Christ pour le pardon de vos péchés ; et vous recevrez le don du Saint-Esprit* » (Actes 2:38). Dieu ne changera jamais Sa pensée au sujet de qui devrait être baptisé. Les hommes et les systèmes sont libres de mettre en pratique ce qu'ils veulent, mais la Parole de Dieu est établie à jamais.

Quelqu'un peut dire : « J'ai cru au Seigneur Jésus. C'est impopulaire de se faire baptiser. Ne puis-je pas juste continuer avec le Seigneur sans être baptisé ? » A une telle personne, nous disons deux choses :

Premièrement, que le Seigneur Jésus refusa de Se laisser dissuader d'être baptisé. La Bible dit : « *Alors Jésus vint de la Galilée au Jourdain vers Jean, pour être baptisé par lui. Mais Jean s'y opposait, en disant : c'est moi qui ai besoin d'être baptisé par toi, et tu viens à moi ! Jésus lui répondit : Laisse faire maintenant, car il est convenable que nous accomplissions ainsi tout ce qui est juste. Et Jean ne lui résista plus* » (Matthieu 3:13-15). Toi aussi, tu dois accomplir tout ce qui est juste, ou bien es-tu plus grand que Jésus ?

Deuxièmement, Le Seigneur dit : « *Celui donc qui supprimera l'un de ces plus petits commandements, et qui enseignera aux hommes à faire de même, sera appelé le plus petit dans le royaume des cieux, mais celui qui les observera, et qui enseignera à les observer, celui-là sera appelé grand dans le royaume des cieux* » (Matthieu 5:19).

Le disciple est engagé à l'obéissance totale. Du reste, le baptême n'est pas une petite affaire. Jésus dit : « *Allez et faites de toutes les nations des disciples, les baptisant au nom du Père, du Fils et du Saint-Esprit* » (Matthieu 28:19). Comment un disciple peut-il échapper à une partie de sa commission ?

Conduis les gens à Christ. Baptise-les. N'écoute pas les doctrines des hommes. Obéis à la Parole de Dieu. Tu es responsable devant Dieu pour tout ce que tu as vu dans Sa Parole !

6 - LA CONSÉCRATION

Il y a deux étapes dans la consécration. La première étape est la séparation totale de tout ce qu'on est et de tout ce qu'on a, de tout péché et de tout le « moi ». C'est une séparation totale d'avec le péché et d'avec le « moi ». C'est une séparation totale de tout ce qu'une personne est et de tout ce qu'une personne a du monde, de telle manière que le monde et le « moi » perdent toute réclamation, quelle qu'elle soit, sur la personne et tout ce qu'elle a.

C'est là une partie de la consécration, qu'on peut mieux appeler « la séparation de ». La seconde étape de la consécration, c'est la remise entre les mains du Seigneur Jésus-Christ, dans un acte décisif, final et irrévocable, de tout ce que la personne est et de tout ce qu'elle a. Dès le moment où la personne se remet elle-même de cette manière au Seigneur, elle est consacrée. Elle ne s'appartient plus. Elle est au Seigneur. Elle n'a plus rien qu'elle considère comme lui appartenant. Tout ce qu'elle a appartient au Seigneur pour être utilisé comme le Seigneur ordonne. Les choses qui doivent être soumises au Seigneur de cette manière englobent : le droit d'avoir ses propres pensées, de décider de ce qu'on veut faire, d'avoir ce qu'on veut, etc. Toutes ces choses sont soumises de manière que la personne pense ce que le Seigneur veut qu'elle pense, décide de ce que le Seigneur veut qu'elle décide, et fait ce que le Seigneur veut qu'elle fasse. Ses ambitions personnelles égoïstes seront soumises en échange des ambitions et pensées centrées sur Christ et données par Christ. Elle cherchera, connaîtra et fera la volonté de Dieu quelle qu'elle soit. Elle aura soumis son désir d'être approuvé et honoré par le monde, pour chercher l'honneur que le Seigneur donne.

Il sera utile que le faiseur de disciple l'aide à faire la liste des différentes choses qu'elle doit consacrer au Seigneur, en allant d'une chose à une autre, car cela permet de mettre les choses au point. Cela aide aussi plus tard quand la tentation survient : car le jeune disciple est capable de se rappeler qu'il a remis ce problème, ou cette chose au Seigneur. On peut inclure les choses suivantes, mais la liste n'est pas exhaustive. Pendant que de nouveaux points surgissent, les choses qui n'étaient pas consacrées dès le début doivent être ajoutées à la liste et présentées au Seigneur.

1. Le droit au mariage
2. Les parents
3. Les enfants
4. Les autres membres de la famille
5. L'ami
6. Les amis
7. L'emploi
8. Les perspectives de promotion
9. L'argent gagné
10. L'argent à gagner
11. Toutes autres possessions
12. Les talents
13. L'apparence physique
14. Les plans pour l'éducation
15. Les diplômes
16. Les droits
17. Les privilèges
18. La voiture ou le désir d'en posséder une
19. La maison, ou les maisons, ou le désir d'en avoir une
20. Les habits ou le désir d'en avoir
21. L'amoureux ou les amoureux, ou le désir d'en avoir un
22. La louange des gens
23. Le confort
24. L'aisance
25. Le luxe
26. Tes yeux
27. Tes oreilles
28. Ton corps
29. Tes pieds
30. Ta capacité de réfléchir
31. Ta bouche
32. Tes goûts dans le manger
33. Tes goûts dans les autres choses
34. Ton temps
35. Ta pensée
36. Ta volonté
37. Tes émotions
38. etc.

Une bouche consacrée ne dira pas ce que le Seigneur ne veut pas qu'elle dise. Des oreilles consacrées n'écouteront pas ce qu'Il ne veut pas qu'elles écoutent. Des mains consacrées ne toucheront pas ce qu'Il ne veut pas. Des diplômes consacrés ne seront pas utilisés pour acquérir un emploi qu'Il ne veut pas. Le temps consacré ne sera pas utilisé de la manière qu'il n'approuve pas. Des pieds consacrés iront faire Ses commissions. Une pensée consacrée pensera Ses pensées, alors que des émotions consacrées auront des sentiments pour Lui et pour les autres selon Son ordre. Une maison consacrée sera utilisée pour Sa gloire, etc. Du luxe consacré c'est du luxe abandonné une fois pour toutes. La même chose s'applique à l'aisance consacrée. Il sera utile que cette consécration soit renouvelée chaque jour et à chaque moment de tentation. La Bible dit : « *Je vous exhorte donc, frères, par les compassions de Dieu, à offrir vos corps comme un sacrifice vivant, saint, agréable à Dieu, ce qui sera de votre part un culte raisonnable. Ne vous conformez pas au siècle présent, mais soyez transformés par le renouvellement de l'intelligence, afin que vous discerniez quelle est la volonté de Dieu, ce qui est bon, agréable et parfait* » (Romains 12:1-2).

Le faiseur de disciples devra, par la prière et le jeûne, travailler dans l'Esprit pour que celui qu'il forme disciple entre dans la réalité de la consécration dans tous les domaines de sa vie.

7 - LE BAPTÊME DANS LE SAINT-ESPRIT

Le Seigneur dit à Ses disciples : « *Ainsi il est écrit que le Christ souffrirait, et qu'il ressusciterait des morts le troisième jour, et que la repentance et le pardon des péchés seraient prêchés en son nom à toutes les nations, à commencer par Jérusalem. Vous êtes témoins de ces choses. Et voici, j'enverrai sur vous ce que mon Père a promis ; mais vous, restez dans la ville jusqu'à ce que vous soyez revêtus de la puissance d'en haut* » (Luc 24:46-49). Il leur dit encore : « *Car Jean a baptisé d'eau, mais vous, dans peu de jours, vous serez baptisés du Saint-Esprit* » (Actes 1:5). «*Mais vous recevrez une puissance, le*

Saint-Esprit survenant sur vous, et vous serez mes témoins à Jérusalem, dans toute la Judée, dans la Samarie, et jusqu'aux extrémités de la terre » (Actes 1:8).

Le Seigneur avait fait ces promesses aux disciples. Le jour de la Pentecôte, elles furent accomplies. La Bible dit : « *Le jour de la Pentecôte, ils étaient tous ensemble dans le même lieu. Tout à coup il vint du ciel un bruit comme celui d'un vent impétueux, et il remplit toute la maison où ils étaient assis. Des langues, semblables à des langues de feu, leur apparurent, séparées les unes des autres, et se posèrent sur chacun d'eux. Et ils furent tous remplis du Saint-Esprit, et se mirent à parler en d'autres langues, selon que l'Esprit leur donnait de s'exprimer* » (Actes 2:1-4).

Les disciples reçurent ainsi le pouvoir d'aimer de façon suprême le Seigneur, de telle sorte qu'ils étaient prêts à souffrir pour Lui et à mourir pour Lui. Ils reçurent la puissance de Le servir. Ils reçurent le pouvoir d'être des témoins efficaces, et ils portèrent ainsi l'Évangile au monde entier.

Le Seigneur veut que tous les disciples soient baptisés dans le Saint-Esprit ainsi que le furent les premiers disciples. Les croyants en Samarie furent baptisés dans le Saint-Esprit (Actes 8:14-24). Ceux de la maison de Corneille furent baptisés dans le Saint-Esprit (Actes 10:44-48). Les disciples d'Éphèse furent baptisés dans le Saint-Esprit (Actes 19:1-6). Le Seigneur ne désire pas que des gens qui ne sont pas baptisés dans le Saint-Esprit aillent rendre témoignage pour Lui. Il dit : « *Restez dans la ville jusqu'à ce que vous soyez revêtus de la puissance d'en haut* ». Lui-même n'avait pas commencé Son ministère public jusqu'à ce que le Saint-Esprit soit descendu sur Lui au Jourdain après

Son baptême dans l'eau (Matthieu 3:16-17). Si tu commences à servir le Seigneur sans être baptisé dans le Saint-Esprit, ton service sera accompli dans ta propre puissance.

Ceci ne signifie pas que ceux qui ne sont pas baptisés dans le Saint-Esprit n'ont pas le Saint-Esprit. Tous les disciples ont le Saint-Esprit. À la conversion, le Saint-Esprit vient dans la personne comme « *une source d'eau jaillissant jusque dans la vie éternelle* » (Jean 4:14). Lors du baptême dans le Saint-Esprit, le Saint-Esprit devient dans le disciple « *des fleuves d'eau vive* » (Jean 7:38). La source parle de l'origine, du début. Le fleuve parle de quelque chose de plus. Une source est petite. C'est pour la vie éternelle. Un fleuve est plus large qu'une source. C'est pour ceux qui ont déjà la source, afin qu'ils servent le Seigneur dans une puissance abondante. Il est possible qu'on soit baptisé dans le Saint-Esprit immédiatement après qu'on a cru. Dans ce cas, Dieu te donne la source et le fleuve d'un seul coup et c'est merveilleux. C'est ce qui arriva dans la maison de Corneille.

Quand quelqu'un reçoit le Seigneur, on doit l'aider à recevoir le baptême dans le Saint-Esprit tout de suite. S'il a consacré tout ce qu'il est et tout ce qu'il a au Seigneur, il doit demander à Jésus-Christ de le baptiser dans le Saint-Esprit. Jésus le fera immédiatement, si la personne est prête.

Quand le Saint-Esprit vient sur quelqu'un, celui-ci parlera normalement en langues. C'est l'évidence normale qu'une personne a reçu le baptême dans le Saint-Esprit. Les langues sont des expressions en des langues inconnues de la louange à Dieu. Les disciples parlèrent en langues au jour de la Pentecôte. Paul parla en langues ; la maison de Corneille parla en langues ; les disciples d'Éphèse parlèrent en langues. Toi aussi, tu parleras en langues quand le Saint-Esprit descendra sur toi. Après avoir reçu le baptême dans le Saint-Esprit, tu dois marcher proche du Seigneur et utiliser la puissance qui est descendue sur toi pour servir le Seigneur en amenant des gens à Lui. Tu dois passer beaucoup de temps seul à prier en langues, afin de te bâtir toi-même spirituellement. C'est ce qu'on appelle « *s'édifier soi-même* » (1 Corinthiens 14:4).

Le faiseur de disciples doit enseigner au disciple ce qui concerne le baptême dans le Saint-Esprit. Il peut y avoir un ministère de la Parole dans l'assemblée locale. Le faiseur de disciples doit s'assurer que le disciple comprend clairement ce que la Bible dit à ce sujet. Il doit répondre à toutes les questions que le disciple peut poser, utilisant la Bible pour y répondre. S'il n'y a pas de ministère d'enseignement dans l'assemblée locale, il doit donner au disciple un bon livre qui traite bien du sujet, un livre que lui-même a lu. Il a encore la responsabilité d'expliquer les choses clairement au disciple. Par-dessus tout, sa plus grande responsabilité est de s'assurer que le disciple reçoive le baptême dans le Saint-Esprit. Il peut l'amener à une réunion, où est rendu le ministère du baptême dans le Saint-Esprit. Même dans une telle réunion, il doit s'asseoir à côté de lui, et l'aider à comprendre ce qui se passe. Certaines de ces réunions sont si bruyantes que le disciple peut être mal à l'aise et être ainsi bloqué pendant longtemps.

Cependant, si le faiseur de disciples s'assied à côté de lui et le rassure qu'il est en compagnie sûre, le disciple peut s'ouvrir davantage au Seigneur et recevoir ainsi le baptême plus rapidement. Le faiseur de disciples peut aussi conduire le disciple dans une maison où quelqu'un peut, en toute tranquillité, lui rendre ministère. Le faiseur de disciples doit avoir à l'esprit que les tempéraments varient et que le disciple peut ne pas être à l'aise avec tous les cris et les bruits auxquels, lui, il est habitué. Cependant, la meilleure chose est que le faiseur de disciples impose les mains au disciple immédiatement après son baptême dans l'eau, et prie que le Saint-Esprit descende sur lui. Normalement, il descendra sur le disciple. Dans certains cas, il serait même convenable de dire au disciple d'aller à la maison, de s'enfermer dans sa chambre et de demander tout seul calmement à Jésus, le « Baptiseur », de le baptiser dans le Saint-Esprit. Il le fera.

S'il y a des problèmes parce que les manifestations de parler en langues ne viennent pas, le faiseur de disciples et le disciple doivent consulter quelqu'un de plus mûr dans le Seigneur. Il semble que certains sont plus bénis par le Seigneur que d'autres dans le ministère du baptême dans le Saint-Esprit. Le faiseur de disciples doit travailler dans le contexte du corps de Christ sans chercher à tout faire tout seul. Il ne veut certainement pas avoir l'honneur d'être le seul à conduire la personne dans le baptême dans le Saint-Esprit. Si le Seigneur discerne un tel vain orgueil, il peut S'assurer qu'une telle personne ne soit pas utilisée pour rendre le ministère du baptême dans le Saint-Esprit au disciple.

Certaines personnes s'agitent et font beaucoup de bruit quand le Saint-Esprit descend sur elles pour la première fois. Le faiseur de disciples doit aider le disciple à ne pas faire du bruit inutile. Il ne doit cependant pas pousser le disciple à étouffer l'Esprit. Une fois de plus, la maturité de la part du faiseur de disciples est importante.

On doit enseigner le disciple sur les dons spirituels et lui permettre de les désirer et de les obtenir. On doit ensuite l'aider à occuper une place humble dans l'assemblée locale et à faire une contribution au corps de Christ rassemblé, avec le(s) don(s) spirituels reçu(s).

8 - L'ASSURANCE DU SALUT

C'est dans le plan du Seigneur que ceux qui sont à Lui sachent avec assurance qu'ils sont passés de la mort à la vie dans le Seigneur Jésus. Cette assurance du salut n'est pas quelque chose qu'une personne peut donner à une autre personne. C'est le Saint-Esprit qui rend témoignage à l'esprit du disciple qu'il est sauvé et qu'il ne périra jamais. La Bible dit : « *Car tous ceux qui sont conduits par l'Esprit de Dieu sont fils de Dieu. Et vous n'avez pas reçu un esprit de servitude, pour être encore dans la crainte ; mais vous avez reçu un Esprit d'adoption, par lequel nous crions : Abba ! Père. L'Esprit lui-même rend témoignage à notre esprit que nous sommes enfants de Dieu. Or, si nous sommes enfants, nous sommes aussi héritiers : héritiers de Dieu, et co-héritiers de Christ, si toutefois nous souffrons avec lui, afin d'être glorifiés avec lui* » (Romains 8:14-17). Si quelqu'un est conduit par le Saint-Esprit, il peut être sûr qu'il ne périra jamais. S'il est conduit par la chair, il périra certainement. Chacun peut savoir avec certitude ce qui le conduit.

Le Seigneur Jésus dit : « *Mes brebis entendent ma voix ; je les connais, et elles me suivent. Je leur donne la vie éternelle ; et elles ne périront jamais, et personne ne les ravira de ma main. Mon Père, qui me les a données, est plus grand que tous ; et personne ne peut les ravir de la main de mon Père. Moi et le Père, nous sommes un* » (Jean 10:27-30). La vraie brebis entendra la voix de Jésus, et Le suivra. La vraie brebis continuera à entendre la voix de Jésus, et continuera à Le suivre. La vraie brebis reçoit du Seigneur Jésus la vie éternelle et ne périra jamais. La vraie brebis ne peut périr à cause de la triple sécurité du Saint-Esprit en elle, de la main de Jésus autour d'elle et de la main du Père autour de celle du Fils pour rendre la garde réellement efficace. Nul ne peut demeurer dans les mains de Jésus et être enlevé par le diable. Rien ne peut le séparer du Seigneur Jésus. L'apôtre Paul dit : « *Car j'ai l'assurance que ni la mort ni la vie, ni les anges ni les dominations, ni les choses présentes ni les choses à venir, ni les puissances, ni la hauteur, ni la profondeur, ni aucune autre créature ne pourra nous séparer de l'amour de Dieu manifesté en Jésus-Christ notre Seigneur* » (Romains 8:38-39). Rien ne peut séparer un disciple du Seigneur Jésus. Seul le disciple lui-même peut se séparer de l'amour de Dieu. Si tu ne te sépares jamais toi-même de l'amour de Dieu en le Christ Jésus, alors tu n'as rien à craindre parce que rien d'autre ne te séparera de Lui. Tu es éternellement en sécurité en Christ.

La Bible dit : « *Et voici ce témoignage, c'est que Dieu nous a donné la vie éternelle, et que cette vie est dans son Fils. Celui qui a le Fils a la vie ; celui qui n'a pas le Fils de Dieu n'a pas la vie. Je vous ai écrit ces choses, afin que vous sachiez que vous avez la vie éternelle vous qui croyez au nom du Fils de Dieu* » (1 Jean 5:11-13). Ceux qui ont le Fils et qui continuent à avoir le Fils ont la vie éternelle. Toute personne a la vie éternelle aussi longtemps qu'elle continue à avoir le Fils. Quand elle abandonne le Fils, elle cesse aussi d'avoir la vie éternelle. Quand une personne croit au Fils, son nom est écrit dans le livre de vie. Si elle croit en Jésus jusqu'à la fin, alors elle est à jamais sauvée. Si elle renie Jésus, Jésus la reniera et son nom sera effacé du livre de vie. La Bible dit : « *Celui qui vaincra sera revêtu ainsi de vêtements blancs ; je n'effacerai point son nom du livre de la vie* » (Apocalypse 3:5).

Le faiseur de disciples doit aider le disciple à voir qu'il est en sécurité dans le Seigneur Jésus et qu'il sera toujours en sécurité aussi longtemps qu'il demeurera dans le Seigneur Jésus. Il doit l'aider à voir qu'il est sauvé maintenant, qu'il est en train d'être sauvé chaque jour, et que, s'il persévère jusqu'à la fin, il sera sauvé.

Il doit lui permettre de voir qu'il faut qu'il marche proche du Seigneur, sinon sa confession du salut n'a pas de sens. Il doit aussi l'aider à voir que Jésus l'aidera dans ses faiblesses à tenir ferme jusqu'à la fin.

9 - LA DÉLIVRANCE DU PÉCHÉ

Le Seigneur a appelé le disciple à marcher dans la sainteté. Plusieurs disciples veulent marcher dans la sainteté, mais il s'avère qu'ils retombent le plus souvent dans le péché. Ils se réjouissent pendant un jour, et connaissent la victoire pendant quelques jours ; mais très bientôt, ils retombent encore dans le péché. Ils essaient plusieurs formules pour se libérer eux-mêmes, mais toutes échouent. Ils essaient de conquérir le péché, mais cela ne marche pas.

Le problème est qu'ils essaient de faire d'eux-mêmes quelque chose dont ils sont incapables. Il y a une loi, la loi du péché et de la mort qui est à l'œuvre. Quiconque essaie de vaincre la loi du péché et de la mort par la volonté humaine ou par le jeûne et des résolutions échouera. Ce sont là des efforts personnels, et ils ne peuvent amener personne nulle part. Quelqu'un qui avait essayé d'être saint par des efforts personnels s'est écrié : « *Nous savons, en effet, que la loi est spirituelle ; mais moi, je suis charnel, vendu au péché. Car je ne sais pas ce que je fais : je ne fais point ce que je veux, et je fais ce que je hais. Or, si je fais ce que je ne veux pas, je reconnais par là que la loi est bonne. Et maintenant ce n'est plus moi qui le fais, mais c'est le péché qui habite en moi. Ce qui est bon, je le sais, n'habite pas en moi, c'est-à-dire dans ma chair : j'ai la volonté, mais non le pouvoir de faire le bien. Car je ne fais pas le bien que je veux, et je fais le mal que je ne veux pas. Et si je fais ce que je ne veux pas, ce n'est plus moi qui le fais, c'est le péché qui habite en moi. Je trouve donc en moi cette loi : quand je veux faire le bien, le mal est attaché à moi. Car je prends plaisir à la loi de Dieu, selon l'homme intérieur ; mais je vois dans mes membres une autre loi, qui lutte contre la loi de mon entendement, et qui me rend captif de la loi du péché, qui est dans mes membres. Misérable que je suis ! Qui me délivrera du corps de cette mort ?... Grâces soient rendues à Dieu par Jésus-Christ notre Seigneur !... Ainsi donc, moi-même, je suis par l'entendement esclave de la loi de Dieu, et je suis par la chair esclave de la loi du péché. Il n'y a donc maintenant aucune condamnation pour ceux qui sont en Jésus-Christ. En effet, la loi de l'esprit de vie en Jésus-Christ m'a affranchi de la loi du péché et de la mort. Car - chose impossible à la loi, parce que la chair la rendait sans force, - Dieu a condamné le péché dans la chair, en envoyant à cause du péché, son propre Fils dans une chair semblable à celle du péché, et cela afin que la justice de la loi fût accomplie en nous, qui marchons, non selon la chair, mais selon l'esprit. Ceux, en effet, qui vivent selon la chair s'affectionnent aux choses de la chair, tandis que ceux qui vivent selon l'esprit s'affectionnent aux choses de l'esprit* » (Romains

7:14-8:5). Une personne peut être délivrée du péché.

1. Il y a la loi du péché. Elle pousse les gens à pécher. Il y a la loi de la volonté humaine. Elle pousse les gens à essayer de faire plusieurs choses pour s'éloigner du péché. Tu peux voir l'effort humain représenté par plusieurs Je, Je, Je, mon, mon, moi, moi. Cet effort personnel ne réussira jamais parce que la loi du péché est de loin plus forte que la loi de la volonté humaine. Ainsi, ceux qui essaient de vaincre le péché par des résolutions humaines échoueront, et ils prendront plusieurs autres résolutions, ensuite les violeront aussi.

2. Pour connaître la libération de la loi du péché, une loi plus forte a besoin d'être appliquée. Dieu a rendu cette loi disponible. Elle s'appelle la loi de l'Esprit de vie en Jésus-Christ. Cette loi est beaucoup plus forte que la loi du péché ; et quand elle est appliquée, la loi du péché devient trop petite pour gouverner.

La question se pose de savoir comment la loi de l'Esprit de vie en Jésus-Christ peut s'appliquer dans la vie d'un croyant. Il y a quatre étapes à suivre dans l'application de cette loi.

La première étape est appelée Savoir. Que sais-tu ? Tu sais que lorsque Jésus est allé sur la croix,

Il a pris tous tes péchés sur Lui. Tu sais qu'Il n'a pas seulement pris tes péchés, mais qu'Il t'a aussi pris toi-même sur la croix. Ainsi quand Il mourut, tu mourus. La Bible dit : « *Igno-*

rez-vous que nous tous qui avons été baptisés en Jésus-Christ, c'est en sa mort que nous avons été baptisés ? Nous avons donc été ensevelis avec lui par le baptême en sa mort, afin que, comme Christ est res- suscité des morts par la gloire du Père, de même nous aussi, nous mar- chions en nouveauté de vie » (Romains 6:3-4). « Sachant que no- tre vieil homme a été crucifié avec lui, afin que le corps du péché fût détruit, pour que nous ne soyons plus esclaves du péché ». (Romains 6:6). Ainsi, sache que tu es mort avec Christ.

La deuxième étape, c'est Considère. La Bible dit : « *Ainsi vous- mêmes, regardez-vous (considérez-vous) comme morts au péché, et comme vivants pour Dieu en Jésus-Christ* » (Romains 6:11). Puisque tu es mort avec Christ, tu dois accepter ce fait. Tu es mort avec Christ. Ce n'est plus toi qui vis, c'est Christ qui vit en toi.

La troisième étape, c'est Se Soumettre. Tu soumets ton corps à Christ pour vivre pour Lui. Parce que tu es mort avec Christ et que tu es mort au péché, tu peux soumettre tes pen- sées, tes sentiments etc., à Christ. Pendant que tu te soumets à Christ, Il prendra tout ce qui Lui a été soumis et le mettra sous Son contrôle.

La quatrième étape c'est Marcher dans l'Esprit. Si tu t'es sou- mis à Christ, alors tu peux marcher dans l'Esprit. Marcher dans l'Esprit c'est marcher en Christ et avec Christ. Pendant que tu marches avec Christ et en Christ, la loi de l'Esprit de vie en Jésus-Christ rendra inefficace la loi du péché et de la mort. Pen- dant que tu continues à marcher en Christ, tu continueras à mar- cher dans la sainteté, sans péché. Cette marche dans la puissance de la loi de l'Esprit de vie en Jésus Christ peut être accordée d'un seul coup. Tu n'as pas besoin de continuer longtemps sur le chemin du péché avant d'arriver à ta délivrance. Juste comme dans la guérison physique, de même que tu peux recevoir la guérison par la foi et être guéri, tu peux recevoir la délivrance du péché en suivant les quatre étapes ci-dessus et ne plus jamais pécher.

Je vais te poser une question : « Comment as-tu reçu le salut ? » Tu as vu que tu avais besoin du Sauveur, tu t'es repenti de ton péché, tu t'es tourné vers Christ et tu L'as reçu par la foi et la transaction fut faite. C'était fini.

Dieu veut faire la même chose au sujet du péché dans ta vie. Non seulement Il veut purifier ton cœur des péchés que tu as commis, mais Il veut purifier ton cœur de la tendance au péché. Il veut te donner un cœur purifié, qui sera pour toujours incliné loin du péché. La Bible dit : « *Et Dieu, qui connaît les Cœurs, leur a rendu témoignage, en leur donnant le Saint-Esprit comme à nous ; il n'a fait aucune différence entre nous et eux, ayant purifié leurs Cœurs par la foi* » (Actes 15:8-9). Dieu ne donne pas seulement de nouveaux Cœurs. Il donne aussi des Cœurs purifiés aux croyants qui les recevront par la foi. Ils peuvent dès ce jour, marcher dans la sainteté, ne plus commettre de péché, et marcher dans la sanctification.

Quand ils ont reçu des Cœurs purifiés, ils connaîtront la délivrance du péché pendant tout le temps qu'ils le voudront. L'affaire de vouloir une chose et d'accomplir une autre sera réglée de façon permanente une fois pour toutes. Le croyant qui reçoit le cœur purifié (qui accepte sa délivrance du péché) par la foi marchera en nouveauté de vie pendant tout le temps. Il sera capable de confesser à partir de son expérience : « Car je fais le bien que je veux faire, et non le mal que je ne veux pas faire. Et je vois dans mes membres une autre loi, qui lutte contre la loi du péché et qui me rend obéissant à la loi de Christ. C'est la loi de l'Esprit de vie en Jésus-Christ. Les justes exigences de la loi sont en train d'être accomplies en moi, car je marche non selon la chair, mais selon l'Esprit ».

Ayant été délivré du péché et possédant, non seulement un nouveau cœur, mais aussi un cœur purifié, le disciple réalisera qu'il faudra faire un grand effort pour pécher. Il connaîtra par expérience la réalité de cette parole qui dit : « *Quiconque demeure en lui ne pèche point ; quiconque pèche ne l'a point vu, et ne l'a pas connu. Petits enfants, que personne ne vous séduise. Celui qui pratique la justice est juste, comme lui-même est juste* » (1 Jean 3:6-7). Le faiseur de disciples sera entré dans cette expérience, et y aura marché pendant un temps. Il priera pour le disciple, afin que le Seigneur lui accorde la révélation nécessaire pour voir qu'il est mort avec Christ et pour entrer dans la délivrance du péché. Quand il aura expérimenté la délivrance du péché, une tape importante aura été franchie.

10 - LE CARACTÈRE CHRÉTIEN

Le caractère est plus important que les dons. Dieu cherche d'abord des gens de caractère. Il cherche des gens fidèles. Les grands mots de félicitations du Seigneur seront : « *Bien fait, bon et fidèle serviteur* ».

Le disciple doit grandir pour être comme Christ dans son caractère. Il a besoin de la puissance pour être comme Christ ; et il a besoin de puissance pour servir comme Christ.

Il n'y a pas de raccourcis pour le caractère. Le caractère est manifesté comme étant le fruit de l'Esprit. Le fruit de l'Esprit a plusieurs facettes. Celles-ci englobent : « *l'amour, la joie, la paix, la patience, la bonté, la bénignité, la fidélité, la douceur, la tempérance* » (Galates 5:22-23). Personne ne possède naturellement ces attributs. Certains peuvent avoir des tendances naturelles qui ressemblent à ces caractéristiques, mais elles ne doivent pas être confondues avec le fruit de l'Esprit. Le fruit de l'Esprit ne peut être produit en une personne, à moins que celle-ci ne soit née d'en haut. La tendresse ou la bonté naturelles est quelque chose de totalement différent de ce que le Saint-Esprit produit. L'épreuve de feu (les tentations, les difficultés, etc.) montrera la différence entre la chose authentique et la fausse. Nul ne doit se contenter de l'amour, la joie, la paix, etc., naturels. Il doit rejeter ceux-ci et rechercher ce que produit le Saint-Esprit. Quelqu'un qui est naturellement orgueilleux est aussi éloigné de Dieu que celui qui est naturellement humble ; tous deux sont contrôlés par la chair.

Pour grandir dans le caractère chrétien, le disciple ne doit pas essayer de se revêtir de la joie, de l'amour, etc. Il doit être rempli du Saint-Esprit. Il doit se rapprocher du Seigneur. Il doit rester dans la présence du Seigneur, étudier Sa Parole, et Lui obéir. Il doit jeûner et prier. Pendant qu'il vit une vie de soumission dans une obéissance quotidienne au Seigneur, le fruit de l'Esprit grandira plus abondamment en lui. Il ne peut pas revêtir la patience et pas l'amour. Le Saint-Esprit n'est pas un détaillant. Il est un commerçant grossiste.

Pour avoir la patience, l'endurance etc., une personne doit revêtir Jésus. Elle doit se rapprocher de Jésus. Elle doit obéir à Jésus et sans aucun effort, le caractère de Christ sera manifesté en elle.

Dieu permettra que les souffrances, les épreuves, les persécutions, les difficultés, etc., surviennent sur notre chemin. Si nous ne murmurons pas, mais remercions Dieu pour chaque situation, sans désir de nous justifier, mais de nous soumettre à Christ et de souffrir comme Lui sans nous plaindre, nous ferons des progrès rapides en grandissant dans le caractère chrétien.

Une autre chose qui aidera le jeune disciple à revêtir le caractère chrétien rapidement, c'est un esprit de repentance. Il faut qu'il voie les défauts de caractère comme des péchés dont il doit se repentir. Il peut ne pas commettre de péché de caractère, mais y tomber. Les péchés de manque d'amour, manque de joie, impatience, inquiétude, etc., doivent faire l'objet d'une repentance chaque fois qu'il les commet, et le pardon et la purification doivent être recherchés. Ensuite, la personne doit demander à être remplie fraîchement du Saint-Esprit après qu'elle s'est repentie et qu'elle a été purifiée. De cette manière, le jeune disciple maintiendra la fraîcheur spirituelle et fera du progrès rapide dans la ressemblance à Christ.

Le faiseur de disciples doit aider le disciple à voir ses défauts et à s'en repentir. Il doit l'encourager pendant qu'il œuvre pour revêtir Christ. Il doit prier et jeûner pour lui et œuvrer devant le Seigneur jusqu'à ce que Christ soit formé en lui. Cette formation de Christ dans le disciple est la chose la plus importante dans la vie chrétienne. Cela prend du temps, mais ceux qui coopèrent avec le Saint-Esprit font des progrès rapides.

Finalement, la meilleure façon pour le faiseur de disciples d'aider le disciple c'est de vivre une vie chrétienne constante devant lui. Si le faiseur de disciples est honnête et confesse ses défauts de caractère, il aidera plus le jeune disciple ; car rien ne stimule la croissance autant que l'honnêteté.

11 - LE SERVICE CHRÉTIEN

Normalement, un serviteur sert un maître. Le service chrétien, c'est le service qu'un disciple rend au Seigneur Jésus, aux membres du corps, au monde pour lequel Christ est mort. Parce que le disciple est un serviteur du Seigneur Jésus, il ne décide pas de lui-même quelle sera sa sphère de service. Il doit recevoir des ordres et des instructions du maître et les exécuter. Il se considère lui-même comme étant sous des ordres scellés. Il a le devoir d'attendre devant son maître, d'écouter ce qu'il lui ordonne de faire, ensuite d'aller exécuter exactement les ordres tels qu'ils ont été donnés. Un serviteur n'a pas le droit d'introduire ses propres

- pensées
- idées
- plans
- ambitions
- etc.

dans ceux du maître. Il n'a pas le droit d'initier quoi que ce soit de lui-même. Il doit exécuter ce qui a déjà été établi. La Bible dit : « *Car nous sommes son ouvrage, ayant été créés en Jésus-Christ pour de bonnes œuvres que Dieu a préparées d'avance, afin que nous les pratiquions* » (Éphésiens 2:10).

La première chose qu'il faut enseigner au jeune disciple, c'est l'attente devant le Seigneur. Il doit rester dans la présence du Seigneur pendant longtemps et ne pas être d'abord emporté par le service aux frères ou au monde. Le Seigneur appela les douze apôtres d'abord pour qu'ils soient avec Lui, ensuite pour les envoyer prêcher et guérir les malades. Ils demeurèrent avec Lui, et parvinrent à bien Le connaître avant qu'Il ne les envoyât pour Le représenter dans le service au monde. Pendant que le jeune disciple attend devant le Seigneur, il doit rendre ministère au Seigneur. Ceci se fait par la louange, les actions de grâces et le jeûne. La Bible dit : « *Pendant qu'ils célébraient le culte du Seigneur et qu'ils jeûnaient, le Saint-Esprit dit : Mettez-moi à part Barnabas et Saul pour l'œuvre à laquelle je les ai appelés* » (Actes 13:2 Version Colombe). Il peut être difficile d'attendre devant le Seigneur au début. Mais « à force de forger, on devient forgeron ». Tu peux commencer par rendre ministère au Seigneur pendant cinq minutes et grandir progressivement jusqu'au point où tu pourras rendre ministère au Seigneur pendant des heures et des jours. Tu peux Le louer par des chants. Tu peux Lui adresser des mystères en d'autres langues. La Bible dit : « *Celui qui parle en langues ne parle pas aux hommes, mais à Dieu, car personne ne le comprend, et c'est en esprit qu'il dit des mystères* » (1 Corinthiens 14:2). Pendant que le disciple attend devant le Seigneur et Lui rend ministère, il parviendra à mieux connaître le Seigneur, et il établira la présence du Seigneur comme le seul endroit de sa demeure permanente. Ceci est très important pour le futur ; car lorsque le Seigneur commencera à l'envoyer pour accomplir des missions pour Lui, sa croissance sera frustrée, à moins qu'il ne revienne se reposer et attendre dans la présence du Seigneur.

Pendant que le disciple attend devant le Seigneur et Lui rend ministère, le Seigneur lui parlera. Il peut ne pas être capable de discerner la voix du Seigneur dès le début. Le faiseur de disciple devra l'aider. Le jeune Samuel ne savait pas discerner la voix de Dieu au début. L'homme de Dieu qui était plus expérimenté, Éli, l'aida. Le faiseur de disciples doit passer du temps avec le disciple et lui expliquer ces phénomènes spirituels. C'est pourquoi c'est tout à fait important que le faiseur de disciples soit une personne qui a fait du progrès dans le Seigneur, non seulement théoriquement, mais aussi par expérience. Si le faiseur de disciples manque d'expérience dans l'écoute et le discernement de la voix de Dieu, il doit chercher tout de suite de l'aide et pendant que lui-même recherche de l'aide, il doit conduire le disciple vers quelqu'un qui peut l'aider immédiatement. Il ne sera pas juste de dire au disciple : « Je ne connais pas cette chose. Ne te dérange pas. Un jour nous connaîtrons ». Ceci ralentira le progrès du disciple. Le faiseur de disciples doit mettre le disciple en contact avec les autres qui peuvent l'aider à faire rapidement du progrès. Aucun faiseur de disciples ne devrait avoir peur que celui qu'il forme fasse plus de progrès que lui. On n'est pas engagé dans une compétition charnelle. André amena Pierre au Seigneur, mais Pierre devint le dirigeant. Barnabas chercha et encouragea Saul de Tarse qui devint de loin un plus grand apôtre. Paul dit : « *Saluez Andronicus et Junias, mes parents et mes compagnons de captivité, qui jouissent d'une grande considération parmi les apôtres, et qui même ont été en Christ avant moi* » (Romains 16:7). Ces deux apôtres de première valeur ont été en Christ avant Saul. Ils avaient dû l'aider et pourtant, son ministère semble avoir été plus étendu que le leur. Ainsi le faiseur de disciples doit faire tout ce qui est possible pour aider le disciple à faire autant de progrès que possible.

Les instructions du Seigneur au jeune disciple peuvent inclure de simples ordres tels que : « Rends témoignage à telle personne. Prie davantage. Lis davantage la Bible. Soumets-toi à telle personne. Ne va pas à tel endroit. Donne de l'aide financière à… » Ces instructions doivent être prises au sérieux et obéies. C'est là le service chrétien. Oui, le service chrétien inclut le fait d'attendre devant le Seigneur, écouter Sa voix, et faire ce qu'Il dit.

Il y a d'autres choses au sujet desquelles le disciple n'a pas besoin d'autre révélation. Il doit obéir aux dirigeants de l'assemblée où il adore, en toutes choses, sauf quand ils lui demandent de faire une chose qui est en contradiction avec la Parole de Dieu, ou qui est contre sa conscience. Il doit s'offrir pour faire des travaux comme nettoyer la salle de réunion, arranger les chaises, aider un malade, etc. Il doit faire tout ce qu'il peut pour servir l'assemblée et les frères. Il doit aussi être plus serviable à la maison et à son lieu de service ou à l'école. Il doit toujours se demander : Y a-t-il quelque chose que je peux faire pour aider quelqu'un ? Y a-t-il une aide pratique que je peux apporter ? Pendant que le disciple grandit dans le service à l'homme de cette manière, il recevra des promotions du Seigneur.

Un jour, Dieu donnera au disciple quelque chose de distinctif à faire. Jusqu'à ce jour, il doit se livrer dans le service aux frères, car c'est ainsi qu'il fera plaisir au Seigneur. Il ne doit pas considérer certains travaux comme importants et d'autres comme non importants. Tout ce que le Seigneur demande au disciple de faire est important pour le Seigneur ; et si c'est important pour le Seigneur, alors il faut que ce soit très important pour le disciple.

Le faiseur de disciples doit s'assurer que le disciple s'applique bien au travail pratique. Il doit l'aider à voir la dignité du travail manuel. Il doit l'aider à voir que les couronnes sont gagnées par ceux qui rendent un service fidèle et non par ceux qui reçoivent un service fidèle. Il doit lui rappeler que le Seigneur avait lavé les pieds des disciples.

L'exemple est la meilleure façon pour le faiseur de disciples d'enseigner ces leçons importantes. S'il arrive à la maison et au besoin aide dans la cuisine, nettoie le sol, sert les autres à table, etc., il est réellement un exemple. S'il est quelqu'un qui ne fait que donner des instructions, il est un mauvais exemple. Il est un patron et non un dirigeant. Il produira des seigneurs et non des serviteurs.

Le faiseur de disciples doit avoir en pensée que le disciple sera comme lui. Cela doit le faire trembler devant Dieu et le faire œuvrer pour être comme le Seigneur Jésus, qui fut le Serviteur Suprême. Il démontrera ceci en servant le disciple, et non en exigeant le service de lui.

Tout service doit se faire avec un zèle abondant. Le faiseur de disciples et le disciple doivent se livrer complètement à tout ce que le Seigneur leur demande de faire. La Bible dit : « *Car la grâce de Dieu source de salut pour tous les hommes, a été manifestée. Elle nous enseigne à renoncer à l'impiété et aux convoitises mondaines, et à vivre dans le siècle présent selon la sagesse, la justice et la piété, en attendant la bienheureuse espérance, et la manifestation de la gloire du* GRAND *Dieu et de notre Sauveur Jésus-Christ, qui s'est donné lui-même pour nous, afin de nous racheter de toute iniquité, et de se faire un peuple qui lui appartienne, purifié par lui et zélé pour les bonnes œuvres »* (Tite 2:11-14).

CHAPITRE 6

LA FORMATION
DES DISCIPLES - 2

TRANSFORMER UN JEUNE
DISCIPLE EN DISCIPLE MÛR (2)

Il y a d'autres choses que le jeune disciple doit apprendre et mettre en pratique. Elles englobent :

1 - LA PRIÈRE

Il faut enseigner au disciple à prier. Ici, également, comme pour les autres aspects de la formation d'un disciple, le meilleur enseignement à lui prodiguer se fait par la vie. S'il te voit toujours prier, il apprendra à prier sans cesse. S'il te voit soumettre chaque détail de ta vie au Seigneur, il apprendra à soumettre chaque détail de sa vie au Seigneur. S'il voit que tes prières sont centrées sur toi, il tendra à être pareil. Si elles sont longues et confuses, il pensera que c'est cela la meilleure manière de prier. Tu n'as pas besoin de lui dire de t'imiter. Il t'imitera.

Si tu mets tes sujets de prière par écrit et pries systématiquement, il fera de même. Si tu persévères dans la prière sur les différents sujets jusqu'à l'exaucement, il fera de même. Si tu oublies ce que tu as demandé et ne t'en soucies pas, il fera de même. Si tu passes des nuits entières à prier, il fera de même.

Il y a une chose intéressante au sujet de la prière. Les disciples n'avaient pas demandé au Seigneur Jésus de leur enseigner comment guérir les malades ou chasser les démons. Ils semblaient l'avoir appris automatiquement. Mais ils lui dirent : « *Seigneur, enseigne-nous à prier, comme Jean l'a enseigné à ses disciples* » (Luc 11:1). La réponse qu'Il leur donna est très instructive ; car elle montre où doit être la priorité dans la prière. Il leur dit : « *Voici donc comment vous devez prier : Notre Père qui es aux cieux ! Que ton nom soit sanctifié ; Que ton règne vienne ; Que ta volonté soit faite sur la terre comme au ciel. Donne-nous aujourd'hui, notre pain quotidien...* » (Matthieu 6:9-13).

Il faut enseigner au disciple à prier à Dieu le Père et non au Seigneur Jésus. Il faut aussi lui enseigner à demander les choses au Père au nom de Jésus. La priorité dans la prière est de demander des choses qui contribueront à sanctifier le nom de Jésus. Le deuxième domaine qui devrait préoccuper la vie d'un disciple est que le royaume de Dieu vienne. Le troisième domaine devrait être que sur terre les gens rendent une obéissance totale à la volonté du Père. Quand ces trois domaines sont épuisés, le disciple doit alors élever au Seigneur ses besoins quotidiens et ainsi de suite. Ainsi, le disciple ne doit pas être préoccupé par « Seigneur, donne-moi ceci et cela ». Il doit être préoccupé par la sainteté du nom de Dieu, et Son royaume et Sa volonté. Le Seigneur Jésus a aussi dit : « *Cherchez premièrement le royaume et la justice de Dieu ; et toutes ces choses vous seront données par-dessus* » (Matthieu 6:33).

Ainsi, parce que les sujets de prière révèlent ce qui prédomine dans le cœur d'une personne, le disciple doit apprendre dès le début à mettre les intérêts de Dieu avant les siens. Il m'a été dit qu'on doit vivre suivant la formule :

- Jésus
- Les autres
- Toi-même.

Ainsi dans la prière, les choses qui concernent le Seigneur d'abord, ensuite celles qui concernent les autres, et enfin celles qui concernent le disciple. S'il apprend à se mettre en dernier lieu, Dieu va l'honorer et le bénir.

Il faut aussi enseigner au disciple à être bref dans la prière et à être naturel. Il ne doit utiliser des phrases vides et pompeuses. Il ne doit pas dire : « Ô Seigneur, ô Seigneur, Seigneur béni, etc. ». Il ne doit pas être répétitif. Il faut lui enseigner que la valeur de la prière consiste à demander avec foi et dans la foi, et non à demander plusieurs fois. On doit lui enseigner comment traiter les sujets non exaucés. Il doit enregistrer les sujets de prière et prouver très clairement que Dieu exauce sa prière. Il doit beaucoup prier. Le faiseur de disciples doit beaucoup prier avec lui. Ensemble, ils doivent prier pendant des heures et quelquefois pendant des soirées et des nuits entières. Le faiseur de disciples doit lui apprendre et se retirer dans des endroits solitaires pour y prier. Il doit aussi lui enseigner comment prier tout le temps même en une journée pleine d'activités. On doit lui enseigner comment faire des retraites spirituelles pour se concentrer sur la prière. Il doit en fait s'assurer que le disciple qui grandit fait des retraites. Il doit l'aider à acheter ou à emprunter des livres qui enseignent sur la prière et à les lire. Il faut l'encourager à écouter les messages sur la prière et à en tirer des leçons.

Comme nous l'avons dit, le meilleur enseignement au jeune disciple se donne par l'exemple. Le faiseur de disciples doit donc s'assurer qu'il est en train de bien progresser dans l'école de la prière.

2 - L'ÉTUDE BIBLIQUE

Le faiseur de disciple doit enseigner au disciple l'importance de la Parole de Dieu. Il doit lui apprendre comment l'étudier, comment la lire, comment la méditer et comment la mémoriser. Il doit tenir des sessions d'étude biblique avec le disciple et lui montrer comment étudier la Parole. La meilleure chose est que les deux puissent avoir ensemble des sessions d'étude biblique. Elles doivent avoir une durée d'environ une heure chacune. Un thème peut être étudié ou un chapitre ou un autre livre. On acquiert ainsi de la connaissance théorique. Le faiseur de disciples doit aussi donner au jeune disciple un plan qui l'aidera à lire toute sa Bible au moins une fois par an. Il serait préférable que le faiseur de disciple encourage le disciple à passer autant de temps qu'il peut à lire la Bible. Plus il la lira, plus cela l'aidera. On peut aider le disciple à avoir des objectifs de lecture biblique. Il peut dire : « D'ici la fin de la semaine, je dois avoir lu tel nombre de chapitres » Ainsi, il se disciplinera pour le faire.

Pendant qu'il lit et étudie la Parole, il doit apprendre à prier pour la révélation. Ensuite, il faut lui montrer comment appliquer ce que dit la Bible sur sa propre vie et dans ses propres circonstances. Il faut lui apprendre comment voir les promesses de Dieu dans Sa parole et comment les réclamer pour lui-même. Il faut lui enseigner les bénédictions de l'obéissance à la Parole de Dieu et les dangers de la désobéissance. Il faut lui demander de prier que Dieu lui donne un cœur qui tremble devant Sa Parole. Un tel cœur va œuvrer pour obéir à la Parole de Dieu en toutes choses.

Le faiseur de disciples doit enseigner au disciple à mémoriser la Parole. Quand le Seigneur Jésus fut tenté par le diable, Il lui cita l'Écriture disant : « *Il est écrit : l'homme ne vivra pas de pain seulement, mais de toute parole qui sort de la bouche de Dieu* ». Il dit encore au diable : « *Il est aussi écrit : Tu ne tenteras point le Seigneur ton Dieu* » (Matthieu 4:7). Et à l'issue de cette rencontre avec Dieu, le Seigneur lui dit : « *Retire-toi Satan ! Car il est écrit : Tu adoreras le Seigneur, ton Dieu, et tu le serviras lui seul* » (Matthieu 4:10). Le Seigneur utilisa la Parole pour vaincre Satan. Il cita la Parole à partir de la mémoire. Il avait dû prendre du temps pour la mémoriser. Le Psalmiste dit : « *Je te cherche de tout mon cœur : ne me laisse pas égarer loin de tes commandements ! Je serre ta parole dans mon cœur, afin de ne pas pécher contre toi* » (Psaume 119:10-11). Ainsi, il faut encourager le disciple à mémoriser autant que possible la Parole. Il faut aussi l'encourager à réviser ce qu'il a déjà mémorisé, afin qu'il ne l'oublie pas. Le faiseur de disciples doit fixer un temps où le disciple récitera ce qu'il a mémorisé. Cela l'encouragera. Évidemment, le faiseur de disciples récitera aussi ce qu'il a mémorisé ; de cette façon, ils se rendront ministère l'un à l'autre.

Il peut y avoir des sujets que le faiseur de disciples ne se sent pas compétent d'enseigner au disciple. Il doit œuvrer pour étudier ces sujets. Il doit aussi s'assurer que le disciple reçoit l'enseignement sur ce thème de l'assemblée ou d'un enseignant de la Bible. Il peut l'amener où l'encourager à assister à une conférence, ou à un camp, ou à un rassemblement où le thème sera enseigné par un homme de Dieu. Si aucune de ces choses n'est possible ou en plus de ces choses, il faut qu'il lui donne un bon livre ou de bons livres traitant du thème. S'il y a des thèmes dans la Parole qui sont apparemment contradictoires, tels que la souveraineté de Dieu et le libre arbitre de l'homme, le faiseur de disciples doit honnêtement présenter les deux côtés à partir de la Parole de Dieu et encourager le disciple à étudier davantage le sujet. Il ne doit pas juste être anxieux de pousser le disciple à voir selon son propre (du faiseur de disciples) point de vue ; il doit être engagé à le voir arriver à un endroit où le Saint-Esprit voudrait qu'il se tienne. Je considère ceci comme étant honnête, et je crois que c'est une base pour une formation de disciples appropriée. Si la Parole de Dieu a deux positions et les présente à nos pensées imparfaites comme étant des contradictions apparentes, je crois qu'il est incorrect de rationaliser et de rejeter une position qui est clairement enseignée dans l'Écriture. Personnellement, je crois aux deux positions. J'enseigne des positions alternantes pendant des jours alternants, et certainement selon le besoin. Si je rencontre quelqu'un qui néglige son salut et prend Dieu pour acquis, je lui montrerai facilement à partir de la Parole qu'il peut perdre son salut. Si je rencontre quelqu'un qui aime le Seigneur, mais est ébranlé par la crainte d'échouer et de perdre son salut, je vais le rassurer de sa sécurité garantie dans les mains de Jésus.

Le faiseur de disciples doit fixer comme but de transformer le disciple en quelqu'un qui est capable de bien utiliser la Parole de Dieu. La Bible dit : « *Efforce-toi de te présenter devant Dieu comme un homme éprouvé, un ouvrier qui n'a point à rougir, qui dispense droitement la parole de la vérité* » (2 Timothée 2:15). S'il faut que ceci arrive, tous deux ont besoin de travailler ardemment. Ils ont besoin d'y investir du temps. Cependant, il faut comprendre que la Bible a été écrite pour des gens ordinaires, par des gens ordinaires qui étaient remplis et utilisés par le Saint-Esprit. Elle n'a pas été écrite pour des spécialistes. Des gens ordinaires qui sont remplis du Saint-Esprit aujourd'hui sont capables de saisir son message, de l'appliquer dans leurs vies et de le communiquer aux autres qui peuvent le comprendre. Ainsi, prends courage.

Il est très évident que le faiseur de disciples a besoin de continuer à s'appliquer assidûment à l'étude de la Parole, même après avoir formé des disciples pendant plusieurs années. La Parole de Dieu est de la nourriture. Tout le monde en a besoin. Les adultes en ont plus besoin que les bébés. Ainsi donc les faiseurs de disciples ont besoin de plus de nourriture que ceux qu'ils forment.

3 - L'UTILISATION DU TEMPS

Le temps est l'un des plus précieux dons de Dieu. C'est un dépôt sacré. Le faiseur de disciples doit s'assurer qu'il enseigne au disciple l'importance du temps. Le Psalmiste pria : « *Éternel ! Dis-moi quel est le terme de ma vie, quelle est la mesure de mes jours ; que je sache combien je suis fragile* ». (Psaume 39:5). Il dit encore : « *Enseigne-nous à bien compter nos jours, afin que nous appliquions notre cœur à la sagesse* » (Psaume 90:12).

Il y a plusieurs choses qu'on peut faire avec le temps dont on dispose. Le disciple doit faire une liste de ses priorités et y consacrer son temps. Il doit demander : « Qu'est-ce qui m'aidera à être plus semblable au Seigneur Jésus dans le caractère et le ministère ? » Il doit ensuite faire une liste de ces choses, et y investir son temps. Il doit aussi diviser son temps en des périodes de 15 minutes. Ce qui signifie que chacune de ses journées aura 96 périodes de ce genre. Il doit ensuite s'appliquer à utiliser chaque période de 15 minutes à la gloire de Dieu ; et de cette manière, il utilisera sagement son temps. Il doit faire une évaluation de chaque période de 15 minutes et noter comment il l'a utilisée, et rendre compte à Dieu pour l'utilisation de chaque jour. Pour le faire, il doit, planifier son temps. Il doit planifier chaque année un an en avance ; planifier chaque mois, un mois avant ; et chaque soir, avant de se coucher, il doit dans un esprit de prière, planifier le prochain jour, le remettre au Seigneur et Lui remettre comment il a planifié utiliser le temps du lendemain et s'endormir en paix.

L'utilisation du temps dans les choses de petite valeur est totalement inacceptable. Il faut que le faiseur de disciples soit ferme. Il doit être strict envers le disciple et l'aider à rejeter toutes les mauvaises habitudes qu'il a acquises dans le monde. Si le faiseur de disciples aide le disciple à utiliser convenablement son temps, il a remporté une grande victoire. Cependant, le faiseur de disciples a besoin d'être patient, mais ferme. Si son disciple était très indiscipliné avec le temps dans le monde, en un jour il ne se transformera pas en une personne qui utilise parfaitement bien le temps. Mais le but de l'y faire parvenir doit être établi, lui être communiqué et élaboré délibérément. Dans l'utilisation du temps, il faut rechercher la volonté de Dieu. Dieu a un temps pour toute chose. La Bible dit : « *Il y a un temps pour tout, un temps pour toute chose sous les cieux : un temps pour naître, et un temps pour mourir ; un temps pour planter, et un temps pour arracher ce qui a été planté ; un temps pour tuer, et un temps pour guérir ; un temps pour abattre, et un temps pour bâtir ; un temps pour pleurer, et un temps pour rire ; un temps pour se lamenter, et un temps pour danser ; un temps pour lancer des pierres, et un temps pour ramasser des pierres ; un temps pour embrasser, et un temps pour s'éloigner des embrassements ; un temps pour chercher, et un temps pour perdre ; un temps pour garder, et un temps pour jeter ; un temps pour déchirer, et un temps pour coudre ; un temps pour se taire, et un temps pour parler ; un temps pour aimer, et un temps pour haïr ; un temps pour la guerre, et un temps pour la paix* » (Ecclésiaste 3:1-8).

Parce que Dieu a établi un temps pour toute chose qu'il veut que le disciple accomplisse, le disciple doit chercher la volonté de Dieu au sujet de ce qu'il doit faire, et quand il doit le faire.

4 - L'UTILISATION DE L'ARGENT

Ce qui s'applique au temps s'applique aussi à l'argent. L'argent est aussi un dépôt sacré de Dieu. Il doit être utilisé de la manière qui puisse apporter le plus de gloire à Dieu. Nous en avons déjà parlé dans les conditions pour devenir et continuer en tant que disciple.

Il faut investir de l'argent dans les choses prioritaires. Très peu de gens ont assez d'argent à investir dans tout ce qui peut passer par leurs têtes. Ceci étant, le disciple doit établir quelles sont ses priorités, et y investir son argent.

Il a besoin d'être strict avec l'argent. Ce qui importe, ce n'est pas tellement la somme d'argent qu'il gagne. Ce qui importe le plus, c'est comment il utilise ce qu'il gagne.

Le disciple doit rejeter toutes les habitudes de gaspillage. Il ne doit utiliser son argent que pour ce qui est absolument nécessaire. Le reste doit être investi dans l'œuvre du royaume. Puissent ces paroles d'un communiste parler à ton cœur : « Nous vivons dans la pauvreté virtuelle. Nous destinons au parti tous les centimes que nous gagnons au-delà de ce qui nous est absolument nécessaire pour subsister. Nous communistes n'avons ni le temps, ni l'argent à consacrer à des spectacles, à des concerts, à des dîners, à de belles villas et à des voitures de luxe.

On dit que nous sommes fanatiques. On a raison, nous le sommes. Notre vie est dominée par une seule vision : le triomphe du communisme mondial ». Y a-t-il une raison pour que l'engagement d'un communiste au communisme mondial soit plus grand (tel qu'il est manifesté par son sacrifice) que ton engagement à faire de toutes les nations des disciples pour Christ ? Penses-y. Je suggère que le faiseur de disciples puisse réfléchir là-dessus, ainsi que le disciple, et que tous deux, discutent sur les implications de cela sur leur utilisation de l'argent, et qu'ils fassent quelque chose à ce sujet.

5 - CONNAÎTRE LA VOLONTÉ DE DIEU

Dieu a Sa volonté parfaite pour le disciple. Dès la fondation du monde, Il a tracé ce que tu dois faire,

là où tu dois le faire,

pourquoi tu dois le faire,

quand tu dois le faire,

avec qui tu dois le faire,

comment tu dois le faire

à chaque seconde de ta vie.

Dieu veut aussi te montrer Ses plans pour ta vie dans les détails. Il dit dans Sa Parole : « *Je t'instruirai et je te montrerai la voie que tu dois suivre ; je te conseillerai, j'aurai le regard sur toi* » (Psaume 32:8). Le Psalmiste pria : « *Éternel ! Fais-moi connaître tes voies, enseigne-moi tes sentiers. Conduis-moi dans ta vérité, et instruis-moi ; car tu es le Dieu de mon salut, tu es toujours mon espérance* » (Psaume 25:4-5).

Si le disciple veut connaître la volonté de Dieu et s'il est engagé à faire cette volonté quelle qu'elle soit, Dieu le conduira et lui montrera Sa volonté. Les étapes suivantes doivent le guider. Le faiseur de disciples doit lui expliquer chacune d'elle en détail et établir avec lui comment trouver la volonté de Dieu dans bon nombre de situations.

1. Chercher ce que la Bible dit à ce sujet. Ce que la Bible dit à ce sujet est final. La volonté de Dieu pour toi ne peut contredire aucune chose qu'Il a dite dans Sa Parole.

2. S'il n'y a pas d'instruction claire venant de la Bible, pose-toi la question de savoir ce que tu ressens au fond de toi-même, dans ton esprit. Le Saint-Esprit communiquera à ton esprit la volonté de Dieu. Si tu as une profonde et continuelle paix à ce sujet, alors c'est une indication que le feu est vert.

3. Que dit ton faiseur de disciple ou ton dirigeant spirituel ? La Bible dit : « *Le salut se trouve dans un grand nombre de conseillers* » (Proverbes 24:6). Quelle est l'opinion de mon ami ? Quelles sont les opinions de mes amis ? Ceci te donnera davantage d'indication.

4. Que disent mes circonstances ? Dieu utilise très souvent les circonstances pour conduire Ses enfants. Un pneu dégonflé, un retard inattendu, un vol manqué, une mauvaise réservation du vol à l'agence, un échec à un examen, une promotion, etc., sont tous entre les mains Dieu. Si une personne marche dans la volonté de Dieu, toutes ces circonstances, bien qu'elles puissent être créées par l'ennemi, seront utilisées par Dieu pour le bien du disciple. La Bible dit : « *Nous*

savons, du reste, que toutes choses concourent au bien de ceux qui aiment Dieu, de ceux qui sont appelés selon son dessein » (Romains 8:28). Toutes choses, en elles-mêmes, ne vont pas concourir au bien de ceux qui aiment Dieu, mais c'est Dieu qui agira en toutes choses pour le bien de ceux qui L'aiment. La chose peut sembler très mauvaise, elle peut en fait être très mauvaise, mais Dieu la fera concourir au bien du disciple qui L'aime et qui est appelé selon Son dessein. C'est pourquoi le disciple qui est au centre de la volonté de Dieu peut et doit remercier Dieu pour toute chose. La Bible dit : « *Rendez grâces en toutes choses, car c'est à votre égard la volonté de Dieu en Jésus-Christ* » (1 Thessaloniciens 5:18).

Voici une des choses que le disciple sait comme étant la volonté de Dieu : les actions de grâces en toutes choses. Il doit obéir à cela.

5. Dieu conduira aussi à travers la prophétie, l'interprétation des langues, les rêves, les visions, les anges, etc. Mais nul ne doit demander au Seigneur d'envoyer un ange ou une vision, etc., pour le guider. Si le Seigneur veut utiliser une quelconque de ces choses, Il l'utilisera. C'est là Sa volonté souveraine. Il nous a donné les quatre premières méthodes pour une utilisation continuelle.

Le faiseur de disciples doit aider le disciple dans tous ces aspects.

Quand la volonté de Dieu est connue, elle doit être exécutée. Connaître la volonté de Dieu et ne pas l'exécuter, c'est s'attirer du désastre. C'est aussi se mettre dans une condition où le

Seigneur ne pourra plus révéler Sa volonté dans l'avenir.

On doit chercher la volonté de Dieu en toutes choses, dans les choses majeures et les choses mineures. Finalement, il n'y a pas de choses majeures ni mineures. Il y a juste la volonté parfaite de Dieu. On doit la chercher, la connaître et l'accomplir.

Avec le temps, le disciple connaîtra la volonté de Dieu plus rapidement et plus intensément. Ceci se fait par le brisement progressif et la libération progressive de l'esprit du disciple. Cela arrive aussi par une marche plus intime avec le Seigneur et une plus grande et plus profonde consécration et une obéissance à la volonté de Dieu. La sphère d'extension pour croître dans la connaissance de la volonté de Dieu est certainement très grande pour le disciple et le faiseur de disciples.

Quand la volonté de Dieu n'a pas encore été révélée, le disciple doit continuer à attendre, au lieu de juste utiliser sa pensée pour analyser les choses. Ses analyses peuvent être correctes et ne pas être pourtant la volonté de Dieu. Les analyses sont basées sur une réflexion rationnelle. Dieu est surrationnel, et Sa volonté peut souvent être au-dessus de toute réflexion et de toute analyse rationnelles. Je ne suis pas ici en train de t'inviter à ne pas réfléchir. Réfléchis, et réfléchis bien ; mais sache que Dieu est plus grand que ton cerveau et Ses plans pour toi peuvent être plus que ta pensée ne peut entièrement saisir pour le moment.

6 - L'AMBITION SPIRITUELLE

L'ambition spirituelle est l'engagement à rechercher de grandes choses, à faire de grandes choses et être le meilleur qu'on puisse être pour la gloire du Seigneur Jésus. La Bible dit : *« Et toi, rechercherais-tu de grandes choses ? Ne les recherche pas ! »* (Jérémie 45:5). Des ambitions égoïstes n'ont pas de place dans la vie du disciple. Cependant, la recherche de grandes choses pour le Seigneur est à encourager grandement. Williams Booth a une fois dit : « Dieu aime avec un grand amour l'homme dont le cœur déborde de passion pour l'impossible ».

Il faut encourager le disciple à développer l'ambition spirituelle. Il doit demander au Seigneur : « Seigneur, que voudrais-tu que je fasse ? » Qu'importe ce que Dieu lui donnera à faire, même si c'est une tâche ordinaire, il doit y mettre tout de lui-même pour l'accomplir de façon extraordinaire. L'excellence spirituelle commence lorsqu'un homme investit tout ce qu'il est et tout ce qu'il a dans la tâche qu'il a à faire pour le Seigneur, totalement déterminé par le fait que seul le meilleur est suffisamment bon pour le Seigneur.

Il décidera d'être aussi saint que possible.
Il décidera de connaître la Bible aussi bien que possible.

Il décidera d'atteindre le plus grand nombre de personnes possible par l'Évangile dans le plus bref délai possible.

Il décidera de gagner les plus grandes sommes d'argent possibles qu'il peut susciter et les investir dans le ministère ou les ministères qui causeront le plus grand impact pour le Seigneur et le royaume.

Il mettra le maximum d'heures possible dans la prière et priera avec la plus grande ferveur possible comme pour déplacer les montagnes les plus impossibles qui peuvent empêcher l'accomplissement de la volonté de Dieu sur terre telle qu'elle est au ciel.

Il recevra du Seigneur un but clair, Il travaillera à ce but.

Il donnera tout ce qu'il a pour son but reçu du Seigneur. Il ne retiendra rien, et il réussira pour la gloire de Dieu. Il se souviendra que le Seigneur Jésus a dit « *Si vous demandez quelque chose en mon nom, je le ferai* » (Jean 14:14).

Il a encore dit : « *En vérité, en vérité, je vous le dis ; celui qui croit en moi fera aussi les œuvres que je fais, et il en fera de plus grandes, parce que je m'en vais au Père* » (Jean 14:12).

Williams Carey dit : « Notre Dieu est un Dieu bon. Attends-toi à de grandes choses de Dieu. Tente de grandes choses pour Dieu ».

Un auteur inconnu écrivit : « Dieu permet souvent à Ses serviteurs d'accomplir une tâche qui est au-dessus de leurs capacités naturelles. Cher enfant de Dieu, rejette tes plans chétifs et reçois des plans fondés sur Dieu, des plans à la dimension de Dieu, des plans honorant Dieu, qui auront un impact durable et une influence mondiale, pas simplement à Jérusalem et en Samarie, mais aussi jusqu'aux extrémités de la terre ».

Sois rempli et baptisé par la passion d'accomplir quelque chose de noble, de durable et d'impossible pour Dieu et Son royaume pendant ton court séjour terrestre. Ce qui compte ce n'est pas combien de temps tu vis, mais comment tu vis ce temps. David Brainerd, missionnaire chez les Indiens, mourut à l'âge de 29 ans, mais il avait accompli ce que même un homme de 70 ans ne pouvait accomplir. Rappelle-toi qui tu es. Rappelle-toi que tu es un enfant du Roi. Rappelle-toi que celui que tu es affectera ce que tu es. Si tu es un homme aux dimensions de Dieu, aie des plans aux dimensions de Dieu pour Son royaume. Prie, planifie et crois que des choses surnaturelles et « impossibles » s'accompliront dans ta vie, dépendant toujours totalement de Dieu et de Sa puissance, ne t'appuyant jamais sur ta propre compréhension et la puissance de la chair. Le Seigneur Jésus dit : « *Car sans moi, vous ne pouvez rien faire* » (Jean 15:5). Cependant avec Lui, l'impossible devient possible. (Traduit de Herald of His Coming, octobre 1983).

Le faiseur de disciples doit aider le disciple à élaborer clairement ses buts. Il doit l'aider à éliminer les choses secondaires. Il doit l'encourager à mettre tout de lui-même et tout ce qu'il a dans l'unique tâche que Dieu lui a donnée. Robert Schuller dit : « Échouer, c'est manquer de donner à ton projet tout ce que tu as. Utilise chaque opportunité possible pour avoir un succès éclatant. Déverse-toi dans ton projet avec tout ce que tu as. Mets tous tes œufs dans l'unique panier de la chose que Dieu t'a donné à faire pour Lui ».

Le faiseur de disciples doit encourager le disciple à persévérer dans son projet. Trop de disciples commencent des choses qu'ils n'achèvent pas. Ils en sont épris au moment d'excitation, dès le début. Ensuite arrive le moment où le projet devient une routine, routine qui est indispensable pour le projet. Plusieurs trouvent alors les choses ennuyeuses et les abandonnent. Ceci ne doit pas être permis. Tous les buts reçus de Dieu doivent être atteints. Les gens commencent souvent à douter à des moments bas, (moments d'opposition, moments de difficultés, moments où aucun progrès évident ne semble être fait), si Dieu est à l'origine du projet. Ils se demandent si le projet n'était pas le fruit de leur propre pensée. Je dois dire que de telles pensées surviennent à tout le monde. Jean-Baptiste avait proclamé avec certitude dès le début au sujet de Jésus : « *Voici l'Agneau de Dieu qui ôte le péché du monde* » (Jean 1:29). Plus tard, en temps de faiblesse et de problèmes avec Hérode, il douta et envoya demander à Jésus : « *Es-tu celui qui doit venir ou devons-nous en attendre un autre ?* » (Luc 7:20). Le Seigneur l'encouragea en lui disant : « *...les aveugles voient, les boiteux marchent, les lépreux sont purifiés, les sourds entendent, les morts ressuscitent, la bonne nouvelle est annoncée aux pauvres* » (Luc 7:22). Billy Graham a dit : « Ne doute pas dans les moments sombres de ce que Dieu t'a révélé dans les moments lumineux ».

Ainsi, le faiseur de disciples doit encourager le disciple à persévérer dans son but et achever le projet que le Seigneur lui a donné. Le Seigneur ne récompensera pas les gens pour des projets commencés, mais non achevés. Il dit : « *Quiconque met la main à la charrue, et regarde en arrière, n'est pas propre au royaume de Dieu* » (Luc 9:62).

Il se pourrait que le Seigneur donne au disciple quelque chose de si grand à faire qu'Il puisse un jour demander au faiseur de disciples de devenir l'aide de celui qui avait été une fois son disciple. Le faiseur de disciple doit accepter cela avec humilité et y investir son tout, sachant que sa récompense sera grande au ciel ; car le Seigneur n'est pas préoccupé par le fait de savoir qui est directeur du projet sur terre, mais plutôt qui est un bon et fidèle serviteur. Si le faiseur de disciples fait preuve d'un tel esprit, alors il a réellement mûri. Il a réellement été fidèle. Gloire soit au Seigneur !

7 - LA DISCIPLINE

Nous avons déjà écrit au sujet de la discipline quand nous écrivions sur l'utilisation du temps, de l'argent et la concentration pour accomplir des buts spirituels. Nous voulons juste rappeler à tous les faiseurs de disciples et à tous ceux qu'ils forment que « disciple » et « discipline » ont la même racine. Sans discipline, nul ne peut devenir et demeurer un disciple. Celui qui est indiscipliné ne peut être un disciple. Il est indulgent.

L'indiscipline peut facilement se remarquer dans des aspects extérieurs : les cheveux non peignés, des chaussures non cirées, des chemises sans boutons, des habits tachés, des dents non brossées, des lits non faits, des maisons sales et désordonnées, des livres déchirés, des choses éparpillées ici et là, etc. L'indiscipline peut aussi se manifester à travers un bavardage excessif et incontrôlé, les excès de table, etc. À un niveau plus profond, elle se manifeste par des pensées qui vagabondent d'une chose à une autre, d'un lieu à un autre, d'une personne à une autre. Ces manifestations extérieures trahissent une maladie interne qui est le manque d'un sens de direction ou de but. Elles trahissent un cœur divisé, une loyauté divisée. Elles trahissent le manque d'engagement à une cause et, parce que cet engagement fait défaut, la personne est incapable ou ne veut pas rassembler toute la force de son être : esprit, âme et corps pour s'engager dans une direction ou une chose.

Une personne indisciplinée a un cœur partagé. Elle veut le Seigneur et elle veut le monde. Jésus a dit : « *Nul ne peut servir deux maîtres* ». Une personne indisciplinée aime l'ordre, mais elle est à l'aise dans le désordre, ou bien elle le tolère. Une personne indisciplinée veut la sainteté, mais elle ne veut pas se débarrasser de tout péché dans sa vie ; elle veut la sainteté, mais elle jouit du péché. Parce que l'indiscipline, même dans les petites choses, reflète l'état du cœur, il faut considérer cela avec beaucoup de sérieux.

L'indiscipline signifie qu'intérieurement, le but final de la vie n'a pas été choisi ; le but n'est pas fixé ; la direction n'est pas établie. Elle signifie que plusieurs possibilités sont encore en considération. Le choix final n'a pas été fait. Parce qu'il en est ainsi, le temps est dispersé, l'argent est dispersé, le talent est dispersé, les ambitions sont confuses.

La voie pour une vie disciplinée est de s'assurer que son cœur, sa vie et son tout sont engagés de façon irréversible au Seigneur, que le but de la vie est cherché, et qu'on investit tout ce qu'on est pour faire la volonté de Dieu.

Le Seigneur Jésus vécut avec un grand sens d'urgence. Il disait : « Il faut, il faut, il faut ». Le but de Sa vie était clair et fixé. Sa direction était établie et tout Son temps, Sa vie et Son tout furent bien investis. Il ne gaspilla rien. Il ne connut point d'oisiveté. Il ne pratiqua ni ne permit la moindre indulgence.

Le disciple doit s'engager à une vie de discipline en toutes choses. Le faiseur de disciples doit s'assurer que celui qu'il forme connaît non seulement la théorie, mais aussi la pratique de la discipline. Une limite de temps doit être fixée pour accomplir de différents projets et il faut tout faire pour s'assurer que cette limite de temps est respectée. Il doit se repentir des péchés d'indiscipline, les confesser et entreprendre la restitution. L'apôtre Paul dit : « *Tous ceux qui combattent s'imposent toute espèce d'abstinences* » (1 Corinthiens 9:25). « *Moi donc, je cours, non pas comme à l'aventure ; je frappe, non pas comme battant l'air. Mais je traite durement mon corps et je le tiens assujetti, de peur d'être moi-même rejeté, après avoir prêché aux autres* » (1 Corinthiens 9:26-27).

Le faiseur de disciples prendra cet avertissement au sérieux. Il grandira dans la discipline. Il aidera pratiquement le disciple. Il remarquera les domaines d'indiscipline dans sa vie, y attirera son attention et dans un esprit de prière, l'aidera à exercer la discipline en toutes choses. Pendant que le disciple vit très constamment dans la double présence du Seigneur de toute discipline, le Seigneur Jésus, et très souvent dans la présence de son faiseur de disciples discipliné, il fera de rapides progrès à la fois intérieurement et extérieurement. Gloire au Seigneur !

8 - L'ÉVANGÉLISATION

Le but d'être disciple et de la formation des disciples et des faiseurs de disciples est que l'Évangile soit prêché au monde entier. Le Seigneur a dit : « *Cette bonne nouvelle du royaume sera prêchée dans le monde entier, pour servir de témoignage à toutes les nations. Alors viendra la fin* » (Matthieu 24:14).

L'évangélisation est donc cruciale. Le faiseur de disciples doit produire un disciple qui produira un autre. Cependant, on doit tenir compte du fait que le genre d'évangélisation que le Seigneur avait en pensée est celle qui vise à produire du fruit durable. Le faiseur de disciples doit être préoccupé par la qualité, et non la quantité, et le prix de la qualité. Il faut que ce soit une évangélisation à partir d'un motif pur, pour la gloire du Seigneur et pour amener les pécheurs dans Son amour, et non pour bâtir des monuments personnels. Cette évangélisation doit viser à glorifier Dieu et non à plaire ou à impressionner les hommes. Il faut que cette évangélisation soit celle qui produira des gens qui connaissent le Seigneur, et pas juste des gens qui prennent des décisions éphémères. Ainsi donc, il faudra que ce soit l'évangélisation dans la sainteté, dans la puissance du Saint-Esprit et dans la force d'une vie qui est une démonstration de l'Évangile vécu.

La première chose que doit faire le faiseur de disciples est de faire comprendre clairement au disciple le contenu de l'Évangile. Ceci peut se faire en étudiant des messages évangéliques dans le livre des Actes. Deux choses étaient centrales dans les messages que prêchaient les apôtres : la mort et la résurrection du Seigneur Jésus, ensuite la nécessité de la repentance de la part des hommes. Nous avons entendu trop de messages apparemment évangéliques qui ne faisaient pas mention de la nécessité pour les hommes de se repentir. À cause de ce manque d'insistance claire sur la repentance, des multitudes deviennent de faux convertis. Prêcher un message de grâce sans la repentance et celui d'amour sans la sainteté, c'est tromper les gens et les aider à aller en enfer.

La repentance authentique doit toujours inclure une décision authentique d'abandonner à jamais le péché. Elle va inclure une profonde tristesse pour le péché non à cause de ses conséquences, mais parce qu'un glorieux et aimable Seigneur a été offensé par le péché. Elle va toujours inclure la confession du péché à Dieu et au besoin, à la personne qui a été offensée par le péché. Elle va aussi inclure le fait de se détourner effectivement et immédiatement du péché. Quelqu'un a dit qu'il y a trois phases dans la repentance, représentées par trois mots grecs. Premièrement, il y a « metanoeo » qui signifie un changement dans la pensée, ensuite, il y a « metanolomai » qui signifie un changement de cœur, et enfin il y a « metanoia » qui signifie un changement du cours de la vie. Il faut que les trois aient lieu pour que la repentance soit considérée comme véritable. La vraie repentance engagera la volonté, la pensée et les émotions d'une personne. Je pense que c'est là le problème avec les techniques modernes dans l'évangélisation. Après un court message d'évangélisation, on encourage les gens à se décider pour Christ. Il peut y avoir un changement de pensée sans changement de cœur ou changement de cours (direction) de vie. Ensuite ces gens font une répétition de quelques phrases appelées « Recevoir Christ ». Ensuite, ils sont assurés de la vie éternelle et d'une place d'épouse aux noces de l'Agneau. Évidemment, ils ne se sont pas repentis. Ils n'ont pas touché la vie. Ils ne sont pas sauvés ; ils ont été trompés. On va beaucoup investir dans le travail de suivi, mais cela échouera parce que c'est le suivi des gens qui n'ont jamais cru. J'écris à partir de quinze années de ministère d'évangélisation à tous les niveaux. Je vois les choses plus clairement maintenant. Il y eut un moment où en l'espace de 18 mois, j'enregistrai 20 000 décisions. J'étais acclamé et le Centre National d'Évangélisation proposa qu'on me donne le titre d'« Évangéliste national ». Le journal National le plus éminent fit un reportage de l'une de mes campagnes sur la moitié de la première page et sur toute la cinquième page. Cependant, le temps a prouvé qu'il y avait très peu de conversions. J'avais modifié les conditions de la véritable formation des disciples pour me conformer aux traditions religieuses dans une évangélisation qui résulta en de milliers de convertis. J'ai appris que le changement de pensée, le changement de cœur et le changement de direction ne se passent pas nécessairement d'un seul coup. J'ai connu un homme qui a dit qu'il lui avait fallu neuf mois et une participation régulière à nos réunions pour qu'il passe d'un changement de pensée à un changement de vie qui fut alors suivi d'un engagement authentique au Seigneur. Maintenant, il progresse dans le Seigneur !

La connaissance de ces choses doit pousser le faiseur de disciples à se concentrer sur la qualité et non à forcer les gens à prendre des décisions. Il doit se rappeler que c'est l'Esprit qui donne la vie, la chair ne sert de rien (Jean 6:63). Ainsi donc, il marchera devant le Seigneur dans la sainteté et enseignera au disciple que la sainteté est indispensable. Il s'assurera qu'il est rempli du Saint-Esprit, que le disciple en voit le besoin, et est effectivement rempli du Saint-Esprit. Alors les deux dépendront du Seigneur.

Le disciple et le faiseur de disciples doivent sortir pour évangéliser ensemble. Le disciple au début observera juste le faiseur de disciples pendant qu'il rendra témoignage et apprendra de lui. Ensuite, après l'évangélisation, ils discuteront sur ce qui s'est passé pendant un certain temps. Le faiseur de disciples prendra un temps supplémentaire pour expliquer pourquoi il a fait et dit ce qu'il a fait et dit. Il répondra aux questions du disciple. Après que ceci s'est passé pendant un certain nombre d'occasions, le faiseur de disciples commencera à permettre au disciple d'intervenir. Il peut le faire en commençant par évangéliser et, selon que l'Esprit le conduit, il peut dire à la personne qu'il évangélise : « Mon frère que voici, aimerait partager avec toi comment il a trouvé le Seigneur. Aimerais-tu écouter son témoignage ? » Si la personne est disposée à écouter, le faiseur de disciples demandera au disciple de parler. Il faut qu'il dise brièvement ce qu'il était avant qu'il vienne à Christ, comment il avait entendu l'Évangile, ce qu'il a fait de ce qu'il avait entendu, comment il s'est repenti, comment il a reçu le Seigneur et ce que le Seigneur a fait pour transformer sa vie.

Je suggère que le faiseur de disciples et le disciple travaillent sur le témoignage du disciple longtemps avant qu'ils ne sortent évangéliser ensemble. Des détails inutiles et offensifs doivent être écartés de même que les aspects qui éloignent l'auditeur de l'essentiel. Le témoignage sera donné pour atteindre un but. Les détails qui n'aident pas à atteindre ce but doivent être éliminés. En faire la narration serait une perte de temps. Il est préférable que le témoignage soit écrit, corrigé et réécrit jusqu'à ce qu'il soit la meilleure présentation de la vérité de ce que la personne était et de ce que le Seigneur a fait.

Après que le disciple a présenté son témoignage, le faiseur

de disciples doit autant que possible l'utiliser pour soutenir son message, et si possible le confirmer par son propre témoignage.

Après quelque temps, quand les deux sortiront, le faiseur de disciples jouera maintenant le rôle d'assistant pendant que le disciple rendra témoignage. Même si le disciple commet une erreur, il ne doit pas le corriger sur-le-champ. Ce serait de la confusion. Il doit remettre l'erreur qu'il a faite au Saint-Esprit et Le supplier de diriger et d'utiliser l'erreur. À la fin de la session, les deux doivent discuter sur ce qui s'est passé et le disciple doit être corrigé et encouragé. Ceci continuera jusqu'à ce que le disciple atteigne la maturité dans le témoignage. Tous deux doivent rendre visite à quiconque manifeste un intérêt à suivre le Seigneur ou à ceux qui sont convertis. Une fois de plus, le faiseur de disciples doit œuvrer pour établir le jeune converti dans le Seigneur et après, discuter sur ce qu'il a fait avec le disciple. Quand le disciple aura fait plus de progrès, il lui permettra de diriger le travail de suivi et ne le corrigera qu'en privé. Ceci doit continuer jusqu'à ce que le disciple soit capable de conduire quelqu'un au Seigneur et de le suivre correctement.

On doit présenter au jeune converti la condition pour devenir et continuer en tant que disciple. S'il exprime le désir de suivre le Seigneur à tout prix, et s'il y a l'évidence d'une véritable repentance, alors il est devenu un disciple. Il doit être baptisé par le faiseur de disciples, et amené à l'assemblée locale, et présenté aux dirigeants et aux frères qui doivent le recevoir avec chaleur et joie. On doit ensuite l'aider à trouver sa place dans l'assemblée locale. Cependant, le processus de le former en tant que disciple ne fait que commencer. Si le disciple a suffisamment mûri pour être capable de faire des disciples, ce nouveau disciple doit être à sa charge. Il est devenu un faiseur de disciples, même s'il continuera à travailler en collaboration avec celui qui l'a formé et qui, jusqu'à un certain degré, continuera à le former comme disciple.

Pendant le baptême dans l'eau, nous suggérons, pour le baptême de la première personne, que le faiseur de disciples effectue le baptême pendant que le disciple observe hors de l'eau. Ceci peut continuer pendant un certain temps. Ensuite, le disciple entrera dans l'eau avec son faiseur de disciples et tous deux baptiseront la personne. À une troisième étape, le faiseur de disciples restera hors de l'eau et observera le disciple effectuer le baptême. Il pourrait ensuite discuter sur ce qui s'est passé avec le disciple et le corriger. Le disciple peut maintenant aller de l'avant et baptiser ceux qu'il conduit au Seigneur.

Il y aura des gens qui, pour une raison ou une autre, ne seront pas capables de baptiser ceux qu'ils forment en disciple. Il n'y a pas de quoi en avoir honte. Après tout, le disciple est une partie de l'assemblée locale et d'autres peuvent l'aider.

Si les dirigeants de ton assemblée insistent sur le fait qu'il faut qu'ils exécutent le baptême, ne bombarde pas l'assemblée à cause de cela. N'insiste pas sur ton droit de baptiser. Ne commence pas une autre assemblée parce que tu es en désaccord avec eux au sujet de qui devrait baptiser. Soumets-toi à eux dans un esprit d'humilité. Le Seigneur changera les choses à Son propre temps pendant que tu renonces joyeusement à ton droit et prie pour tes dirigeants.

Amen.

CHAPITRE 7

LA FORMATION
DES DISCIPLES - 3

LE DISCIPLE MÛR DEVIENT
FAISEUR DE DISCIPLES

Nous avons montré clairement que le Seigneur veut des disciples et non juste des convertis. Nous avons montré que le jeune disciple doit être transformé en un disciple mûr. C'est là une œuvre du Saint-Esprit; mais Il travaille toujours en collaboration avec des gens soumis, sanctifiés et remplis de l'Esprit.

Le disciple mûr ne peut pas juste rester oisif. Comme nous avons démontré plus haut, une partie de sa formation inclut sa coopération avec son faiseur de disciples et le Saint-Esprit à conduire quelqu'un à Christ, à faire de lui un disciple, à le baptiser, et à le bâtir en un disciple mûr.

Ayant ainsi été conduit dans l'expérience spirituelle et ensuite dans le ministère de
conduire des gens à Christ,
faire d'eux de jeunes disciples
les baptiser
les enseigner et les bâtir en des disciples mûrs,
sa formation de base est achevée.

On a fait de lui un disciple mûr.
Il est aussi devenu un faiseur de disciples.

Il devra maintenir une relation de chaleur et d'amour avec celui qui l'a formé et continuer à apprendre de lui. Il doit continuer à étudier la Parole et à apprendre du Seigneur, et à approfondir ainsi son expérience spirituelle. Il doit aussi sortir pour conduire les gens au Seigneur de lui-même, faire d'eux des disciples, les baptiser et leur enseigner tout ce que le Seigneur a prescrit, y inclus le fait que ceux dont il fera des disciples doivent atteindre la maturité et devenir aussi des faiseurs de disciples.

Chaque faiseur de disciples devrait continuer à prier pour ceux qu'il a formés dans le passé et à les aider maintenant qu'ils sont faiseurs de disciples, afin qu'ils fassent un bon travail dans la formation des disciples.

Le jeune faiseur de disciple devra continuer à suivre le modèle selon lequel il a été amené à maturité pendant qu'il forme les autres en des disciples mûrs. Il ajoutera à ce qu'il a appris de celui qui l'a formé des choses qu'il a acquises de sa propre marche avec Dieu et s'efforcera ainsi de faire un meilleur travail que celui qui l'a formé. Il ne le fera pas dans un esprit de compétition. Il le fera par souci de présenter chaque homme mûr en Christ.

Il restera soumis et obéissant à celui qui l'a formé, connaissant ce qu'il a sacrifié pour lui. Même s'il devenait plus grand en stature spirituelle devant l'homme que celui qui l'a formé, il donnera toujours l'honneur à qui cela est dû.

Amen.

CHAPITRE 8

LA RELATION
ENTRE LE DISCIPLE
ET LE FAISEUR
DE DISCIPLES

Nous croyons que la relation entre le disciple et le faiseur de disciples doit être clarifiée. Si nous considérons la relation qui existait entre le Seigneur de gloire et Ses disciples et celle qui existait entre l'apôtre Paul et Timothée, etc., nous pouvons dire ce qui suit.

1. La relation entre le disciple et le faiseur de disciple est fondamentalement quelque chose d'organique et de spirituel et non pas juste le fruit des manipulations et de l'organisation humaine. D'une manière ou d'une autre, il faut qu'il y ait une assurance intérieure que le Seigneur voudrait cette relation entre le disciple et le faiseur de disciples. Le faiseur de disciples doit voir le disciple comme quelqu'un que le Seigneur lui a donné, afin qu'il œuvre pour le présenter mûr en Christ. Il considère le disciple comme un dépôt sacré donné par le Seigneur et pour lequel il rendra compte en ce jour-là. Il sent qu'il faut travailler, afin que lui aussi, comme le Seigneur Jésus, puisse dire au Père : « *J'ai fait connaître ton nom aux hommes que tu m'as donnés du milieu du monde. Ils étaient à toi, et tu me les as données ; et ils ont gardé Ta Parole. Maintenant, ils ont connu que tout ce que tu m'as donné vient de toi* » (Jean 17:6-7).

Sachant qu'il lui faudra rendre compte au jour du jugement de la qualité de son engagement au disciple, le faiseur de disciples se déversera entièrement dans la tâche : esprit, âme, et corps. Il supportera le disciple pendant tout le temps nécessaire pour le transformer de l'état de bébé spirituel engagé à l'état de disciple mûr. Il ne s'agit pas de le rejeter quand il a échoué ou rétrogradé, mais le faiseur de disciples le supportera, et l'encouragera toujours. Le Seigneur Jésus, le Suprême faiseur de disciples, supporta Pierre lorsque celui-ci Le renia. Il lui apparut spécialement après la résurrection, peut-être pour le rassurer de

Son pardon ; et quand Pierre conduisit les autres à rétrograder pour rentrer à la pêche, le Maître-Faiseur de Disciples était là au bord du lac avec l'amour, le petit-déjeuner et la restauration. Bien qu'il y ait lieu de corriger le disciple et même de le discipliner dans l'amour, il n'y a pas lieu de le rejeter et de le mettre à côté. Quiconque dit à un plus jeune disciple : « Parce que tu as fait ceci, bien que tu veuilles que je continue à te former, je ne le ferai plus », n'a pas l'esprit du Maître-Faiseur de Disciples. Il n'est pas digne de former quiconque. Le faiseur de disciples doit manifester envers le disciple la même tendresse et la même patience que le Seigneur Jésus a manifestées envers lui.

2. La relation disciple-faiseur de disciples est celle d'une personne qui est conduite au dirigeant et non celle d'un serviteur à un seigneur. Le faiseur de disciples est un dirigeant qui dirige le disciple sur le chemin du Seigneur par l'exemple, et non pas un patron qui donne des ordres. Ainsi le faiseur de disciples se considère lui-même comme un frère aîné dans le Seigneur qui a la responsabilité d'aider un plus jeune frère dans le Seigneur à apprendre de lui comment être comme Christ. Il n'est pas un commandant pour donner des ordres. Il est un dirigeant qui dit : « Jeune frère, voici le chemin du Seigneur. J'y suis engagé. Viens avec moi le long de ce chemin. Je ne le connais pas entièrement, mais je vais t'aider autant que je m'y connais, et ensemble, nous apprendrons du Seigneur ce que nous ne connaissons pas encore ». Il offre son aide au jeune disciple, non pas juste pendant la soirée où le jeune disciple a cru, mais pendant des jours, des mois, et des années. Son principal engagement est de vivre la vie chrétienne de manière que le plus jeune disciple puisse la voir vécue et ainsi, apprendre à la vivre. Ce n'est pas autant une affaire de théorie, qu'une affaire de vie.

3. La relation disciple-faiseur de disciples est un profond engagement à s'aider l'un l'autre. Le Seigneur partageait tout ce qu'Il avait avec Ses disciples. S'Il était riche, alors les disciples étaient riches. Ce qu'Il avait, les disciples l'avaient aussi. Ce que le Seigneur n'avait pas, les disciples ne l'avaient pas. Ils avaient tout en commun. Dans l'Église primitive, les disciples avaient tout en commun. Il est insensé de penser à un riche faiseur de disciples dont le disciple est dépourvu de nécessités fondamentales de la vie. Je crois aussi qu'il est insensé de penser à un faiseur de disciples qui n'a pas le nécessaire de base pour vivre alors que son disciple regorge de richesses. Je vois le besoin de partager non seulement les ressources spirituelles, mais aussi les ressources matérielles. Le Seigneur avait des disciples-femmes. Celles-ci Le suivaient avec les douze. Elles assistaient le Seigneur et les douze de leurs biens. « *Ensuite, Jésus allait de ville en ville et de village en village, prêchant et annonçant la bonne nouvelle du royaume de Dieu. Les douze étaient avec Lui, et quelques femmes qui avaient été guéries d'esprits malins et de maladies : Marie, appelée Madeleine, de qui étaient sortis sept démons, Jeanne, femme de Chuza, intendant d'Hérode, Suzanne, et plusieurs autres qui l'assistaient de leurs biens* » (Luc 8:1-3). Ces disciples-femmes du Seigneur L'assistaient, Lui et les douze, de leurs biens. Elles Le suivaient aussi.

En ce qui concerne le degré de partage des biens entre le disciple et son maître, c'est une question qui nécessite beaucoup de prière et d'obéissance à la direction du Saint-Esprit. Aucun partage ne doit résulter de la contrainte. Il faut que ce soit toujours un flot d'amour. Nous pouvons juste dire que l'exemple Suprême, le Seigneur Jésus, donna tout ce qu'Il avait à Ses disciples. Tous doivent apprendre de Lui. Cependant, chaque disciple du Seigneur, à la fois le jeune disciple et le disciple mûr qui le forme, tous deux doivent suivre les recommandations suivantes des Écritures : « *Si quelqu'un n'a pas soin des siens, et principalement ceux de sa famille, il a renié la foi, et il est pire qu'un infidèle* » (1 Timothée 5:8). « *Si quelque fidèle, homme ou femme, a des veuves, qu'il les assiste, et que l'Église n'en soit point chargée, afin qu'elle puisse assister celles qui sont véritablement veuves* » (1 Timothée 5:16). « *Nous vous recommandons frères, au nom de notre Seigneur Jésus-Christ, de vous éloigner de tout frère qui vit dans le désordre, et non selon les instructions reçues de nous. Vous savez vous-mêmes comment il faut nous imiter, car nous n'avons pas vécu parmi vous dans le désordre. Nous n'avons mangé gratuitement le pain de personne ; mais dans le travail et dans la peine, nous avons été nuit et jour à l'œuvre, pour n'être à charge à aucun de vous. Ce n'est pas que nous n'en eussions le droit, mais nous avons voulu vous donner en nous-mêmes un modèle à imiter. Car, lorsque nous étions chez vous, nous vous disions expressément : Si quelqu'un ne veut pas travailler, qu'il ne mange pas non plus. Nous apprenons, cependant, qu'il y en a parmi vous quelques-uns qui vivent dans le désordre, qui ne travaillent pas, mais qui s'occupent des futilités. Nous invitons ces gens-là, et nous les exhortons par le Seigneur Jésus-Christ, à manger leur propre pain, en travaillant paisiblement* » (2 Thessaloniciens 3:6-12).

4. La relation entre le disciple et le faiseur de disciples ne doit pas être entretenue de telle manière que le faiseur de disciples devienne Dieu pour le disciple. Il ne faut pas que ce soit le cas. Ce n'est pas une relation de tyrannie. C'est une relation d'amour et d'encouragement. Le faiseur de disciples n'est qu'une aide. Il faut apprendre au disciple à s'attendre devant Dieu, à L'entendre et à exécuter ce que le Seigneur lui commande de faire. Le faiseur de disciples doit toujours se rappeler que le but de la formation de disciples est de produire des disciples du Seigneur ;

des gens qui ressemblent au Seigneur Jésus ; des « mini-Jésus » et non des gens qui sont finalement comme le faiseur de disciples. Le faiseur de disciple doit former le plus jeune disciple de telle manière que le plus jeune disciple connaisse le Seigneur et fasse plus de progrès dans la ressemblance à Christ que le faiseur de disciples. Le faiseur de disciples n'est pas un intermédiaire entre le Seigneur Jésus et celui qu'il forme. Il faut qu'il amène le disciple à voir qu'il doit chercher Dieu, Le connaître, et recevoir de Lui ce qu'il doit faire et le faire. Il faut qu'il lui fasse comprendre que s'il y a un conflit entre ce que dit le Seigneur et ce que son faiseur de disciples dit, il faut obéir au Seigneur. Si le faiseur de disciples est réellement mûr, il s'assurera que le disciple le connaisse profondément, imite ses points forts et évite ses faiblesses, œuvrant toujours pour être comme le Seigneur Jésus et même encourageant celui qui le forme à presser de l'avant pour ressembler à Christ.

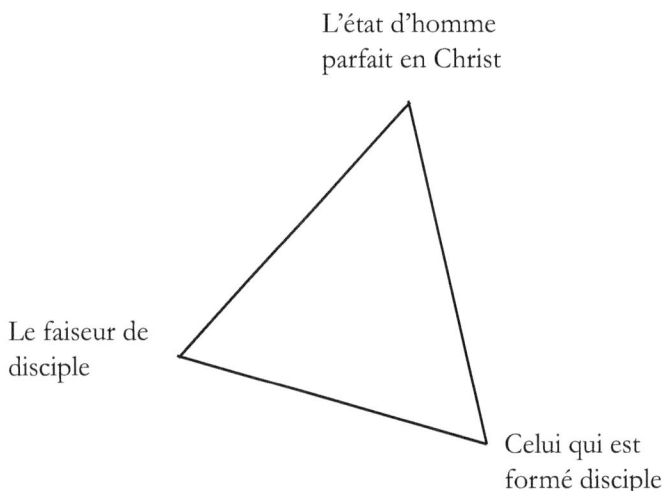

L'état d'homme
parfait en Christ

Le faiseur de
disciple

Celui qui est
formé disciple

**La relation entre le standard parfait de Christ,
le faiseur de disciples et le disciple**

Le faiseur de disciples regarde à Christ. Le disciple aussi regarde à Christ. Tous deux sont loin de la perfection de Christ. Le faiseur de disciples a fait plus de progrès que celui qu'il forme. Il a eu plus d'expérience le long du chemin. Il étend une main d'aide à celui qu'il forme et lui dit : « Je ne suis pas encore parfait. Cependant, je connais un peu plus le chemin. Donne-moi ta main. Je t'aiderai autant que je connais et ensemble, nous continuerons à avancer, persévérant jusqu'à la perfection de Christ. Si tu vois quelque chose que je n'ai pas vu, s'il te plaît, montre-moi. Moi aussi je suis en train d'apprendre ». Ainsi, ensemble, ils avancent, le faiseur de disciples aidant celui qu'il forme et tous deux regardant à Jésus.

Le fait que le faiseur de disciples ne soit pas encore parfait ne doit pas lui permettre de fuir le commandement que le Seigneur lui a donné, de faire des disciples. Le Seigneur donna ce commandement à Ses disciples qui n'étaient pas parfaits. Il leur donna tout de même le commandement et dit au Père (sans s'excuser) « *Car je leur ai donné les paroles que tu m'as données ; et ils les ont reçues, et ils ont vraiment connu que je suis sorti de toi, et ils ont cru que tu m'as envoyé* » (Jean 17:8). Il dit courageusement à Ses disciples : « *Comme le Père m'a envoyé, moi aussi je vous envoie* » (Jean 20:21).

L'apôtre Paul a dit : « *Ce n'est pas que j'aie déjà remporté le prix, ou que j'aie déjà atteint la perfection ; mais je cours, pour tâcher de le saisir, puisque moi aussi j'ai été saisi par Jésus-Christ. Frères, je ne pense pas l'avoir saisi ; mais je fais une chose : oubliant ce qui est en arrière, et me portant vers ce qui est en avant, je cours vers le but, pour remporter le prix de la vocation céleste de Dieu en Jésus-Christ* » (Philippiens 3:12-14).

Il continue à dire dans le même chapitre : « *Soyez tous mes imitateurs, frères, et portez les regards sur ceux qui marchent selon le modèle que vous avez en nous* » (Philippiens 3:17).

Quand un homme confesse qu'il n'est pas encore parfait ; qu'il court de l'avant ; qu'il ne pense pas l'avoir déjà saisi ; qu'il oublie ce qui est en arrière ; qu'il se porte vers ce qui est en avant ; qu'il court vers le but et qu'il invite les frères à être ses imitateurs et leur demande de le voir comme un exemple à suivre, cet homme a vu, a compris et est en train de mettre en pratique la formation des disciples telle que le Seigneur l'a voulue.

Les disciples sont tout d'abord ceux du Seigneur. Ils apprennent du Seigneur à être comme Lui. Ils apprennent du faiseur de disciples à être comme le Seigneur. Si un disciple est un apprenti, il y a un sens secondaire, mais réel selon lequel il est le disciple de celui qui le forme. Il imite le Seigneur. Mais comme l'apôtre Paul invite les Philippiens à le faire, il imite un homme qui n'est pas encore parfait. L'apôtre Paul écrivit encore : « *Ce n'est pas pour vous faire honte que j'écris ces choses ; mais je vous avertis comme mes enfants bien-aimés. Car, quand vous auriez dix mille maîtres en Christ, vous n'avez cependant pas plusieurs pères, puisque c'est moi qui vous ai engendrés en Jésus-Christ par l'Évangile. Je vous en conjure donc, soyez mes imitateurs* » (1 Corinthiens 4:14-16). En lisant, comprends-tu ce que Paul écrivit ? Il avait amené ces gens à Christ. Il était devenu leur père en Jésus-Christ. Il les conjure d'être ses imitateurs. Ils auraient pu dire : « Nous sommes des imitateurs de Paul ». Cela n'aurait pas signifié qu'ils n'étaient pas des imitateurs du Seigneur Jésus, s'efforçant d'être comme Lui ! L'apôtre Paul tenait tellement à ceci qu'il écrivit encore dans la même épître aux mêmes gens, disant :

"Soyez mes imitateurs, comme je le suis moi-même de Christ" (1 Corinthiens 11:1). Il dit aussi « *Devenez donc les imitateurs de Dieu, comme des enfants bien-aimés* » (Éphésiens 5:1). Ainsi, les croyants devaient être des imitateurs de Dieu et des imitateurs de Paul. Les croyants étaient des enfants bien-aimés de Dieu et des enfants bien-aimés de Paul. L'apôtre ne voyait aucun problème avec ce qu'il enseignait. Il n'y a aucun problème.

Les disciples sont tout d'abord disciples de Christ. Ils sont aussi des disciples de ceux qui les forment ; ceux qu'ils imitent.

Je considère que c'est se dérober au commandement du Seigneur et aux dures exigences d'une vie qui plaise totalement au Seigneur que d'avoir cette attitude qui dit : « Ne regardez pas à moi. Regardez seulement à Jésus ». Ceux qui ont cette attitude se sentiront confortables dans la médiocrité parce qu'ils pensent que personne ne les suit. Eh bien ! Qu'ils sachent qu'on les suit. Ils sont en train de faire des disciples qui, comme eux-mêmes, sont des médiocres. Ils pourraient les former passivement, mais ils les forment. Ces disciples apprennent à faire les choix qu'ils font, à aller aux endroits où ils vont, et à prendre les positions qu'ils prennent.

Je te lance un défi ; cesse de te dérober au commandement du Seigneur. Engage-toi à devenir un réel disciple. Suis ce chemin rude. Accepte ses exigences austères. Engage-toi à former des disciples comme le Seigneur l'a ordonné. Fais des disciples du Seigneur Jésus. Ils seront comme le Seigneur Jésus, mais ils regarderont à toi, verront ce que tu fais et pourquoi tu le fais, et ensuite, t'imiteront ; car ils sont aussi tes disciples. Le Seigneur l'a voulu ainsi. C'est ainsi.

CHAPITRE 9

LA FORMATION DE DISCIPLES ET L'ASSEMBLÉE LOCALE

Le Seigneur Jésus dit : « *je bâtirai mon Église, et que les portes du séjour des morts ne prévaudront point contre elle* » (Matthieu 16:18). Il dit aussi à Ses disciples : « *Si quelqu'un veut venir après moi, qu'il renonce à lui-même, qu'il se charge de sa croix, et qu'il me suive. Car celui qui voudra sauver sa vie la perdra, mais celui qui la perdra à cause de moi la trouvera. Et que servirait-il à un homme de gagner tout le monde, s'il perdait son âme ? Ou, que donnerait un homme en échange de son âme ?* » (Matthieu 16:24-26).

L'Église que le Seigneur Jésus est en train de bâtir est une Église de disciples. Leur engagement à Lui est profond. Leur séparation du péché et du monde est réelle. Ses membres ont abandonné toute fausseté, tout mensonge, toute hypocrisie. Ils n'ont aucune réserve quant à l'obéissance au Seigneur ou à Sa Parole. Parce que le Seigneur leur a donné de former des disciples, les membres de l'Église qu'Il bâtit sont des disciples, et ils sont engagés à former des disciples. Même s'ils trouvent que la formation des disciples est difficile, néanmoins, ils travaillent et prient qu'Il puisse les aider dans cette tâche difficile. Ils comptent sur le Saint-Esprit pour les aider, et Il le fait.

Dans chaque lieu où l'Évangile a été prêché et où le Seigneur a attiré des gens à Lui-même, ceux-ci seront assemblés par le Saint-Esprit pour se réunir en tant que l'Église dans ce lieu. Ils sont séparés du péché. Ils sont séparés du monde. Ils sont séparés pour le Seigneur. Ils sont engagés au Seigneur et ils sont engagés les uns aux autres. Leur engagement les uns aux autres n'est pas légal. Il n'est pas basé sur un système dénomination-nel. Il est basé sur la vie et sur la communion. Il est basé sur la relation de chaque membre avec le Seigneur et avec les autres membres. À partir de la vie qu'ils partagent ensemble, ils doivent continuer à obéir à la commission du Seigneur d'aller faire des disciples et d'être formés disciples.

Le Seigneur Jésus dit : « *Je vous dis encore que, si deux d'entre vous s'accordent sur la terre pour demander une chose quelconque, elle leur sera accordée par mon Père qui est dans les cieux. Car là où deux ou trois sont assemblés en mon nom, je suis au milieu d'eux* » (Matthieu 18:19-20). Quand un disciple arrive dans une ville où il n'y a pas de disciples, et qu'il conduise une personne au Seigneur dans ce lieu, l'église est née dans cette localité. Le plus vieux croyant et le plus jeune croyant doivent commencer à se rencontrer au nom du Seigneur. Le Seigneur sera au milieu d'eux. Le plus vieux croyant doit enseigner au plus jeune tout ce que le Seigneur a commandé et l'aider à mûrir dans le Seigneur. Pendant qu'il mûrit dans le Seigneur, le Seigneur pourrait ajouter deux autres personnes dans l'assemblée. Si le plus mûr des quatre croyants décide de prendre lui-même tout en charge, il va bientôt se rendre compte que chacun des trois autres ne reçoit qu'un tiers des soins qu'il aurait dû recevoir. Ce qu'il devra faire c'est de confier un des deux nouveaux disciples à celui qui a cru le premier pour qu'il fasse de lui un disciple, pendant que lui-même se concentre sur l'autre. De cette manière, les deux jeunes disciples qui ont récemment rejoint l'Église recevront des soins spirituels adéquats. Le plus jeune des deux vieux disciples formera le plus jeune avec l'aide de celui qui l'a formé dès le début. Il posera des questions à son faiseur de disciples sur ce qu'il ne connaît pas, et quand il ne sera pas à la hauteur, il enverra le plus jeune disciple du groupe vers le plus vieux. De cette manière, ce ne sera pas une seule personne faisant tout le travail pendant que les autres observent, mais ce sera une œuvre de construction dans laquelle toute personne capable a une opportunité de contribuer.

Nous pouvons illustrer ce que nous disons de la manière suivante :

Le disciple A arrive dans un lieu où il n'y a pas de disciples.
Il conduit B au Seigneur sur les conditions du Seigneur et
ainsi, B est disciple dès le début de sa marche avec le Seigneur.

L'assemblée dans cette localité est constituée de deux disciples A et B. À enseigne à B ce qu'il a appris du Seigneur et B
l'apprend et l'expérimente. B ne reçoit pas seulement de la
connaissance théorique, mais aussi de la connaissance spirituelle.
B atteint une maturité qui lui permet d'aider une personne à devenir ce que A l'a aidé à être. À ce niveau, le Seigneur ajoute
deux personnes en plus à l'église dans cette localité. Ils sont à
présent quatre disciples : A, B, C, D dans ce lieu.

À ce niveau, deux voies sont ouvertes. A peut décider qu'il
continuera à former B, ainsi que C et D. Vous aurez alors
quelque chose de semblable :

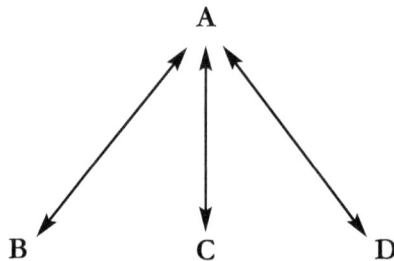

B continuera probablement à recevoir la même nourriture
que C et D, et c'est ce qu'il recevait déjà. C et D seront sous-
alimentés parce que le temps de A est partagé entre les trois.
Ceci commencera à bloquer la croissance normale. L'alterna-
tive est que A confie le disciple D au disciple B pour qu'il le
forme, pendant que lui-même forme C et supervise toute

l'église de quatre personnes. On aura alors quelque chose de semblable :

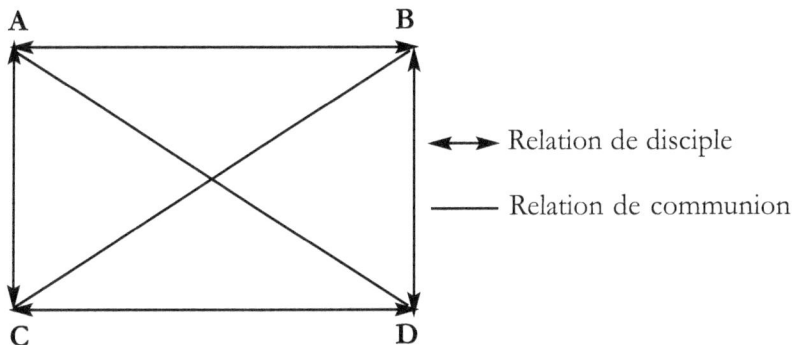

A   B

C   D

←→ Relation de disciple

—— Relation de communion

De cette manière, A se concentrera sur C pendant que B formera D. B consultera A quand il ne saura quoi faire. A aura aussi une relation directe avec D et l'aidera ; et C aura aussi une relation directe avec B et recevra ainsi toute aide disponible. Cependant, A passera plus de temps avec C et B avec D pour s'assurer qu'ils reçoivent un fondement de base dans le Seigneur et font tous du progrès rapide. À aura des sessions spéciales avec B pour l'aider dans les choses qu'il ne connaît pas encore, mais qui sont au-dessus de l'entendement de C et D. Avec le défi de la responsabilité, B progressera rapidement.

A et B seront aussi ouverts à recevoir de l'aide et la correction de C et D ; car ils sont aussi susceptibles de commettre des erreurs. Ce ne sont pas des gens parfaits qui forment les autres. Paul qui était plus jeune dans le Seigneur a dû reprendre Pierre qui était dans l'erreur. Quiconque n'est pas ouvert à recevoir de l'aide de quiconque, y inclus celui qu'il a conduit au Seigneur et qu'il forme comme disciple a un esprit qui n'est pas correct.

À ce niveau, le Seigneur pourrait ajouter quatre autres personnes à l'assemblée. Ces quatre sont E, F, G, H. Si C et D ont mûri, et ils devraient avoir mûri, alors cette assemblée de huit membres peut être représentée ainsi :

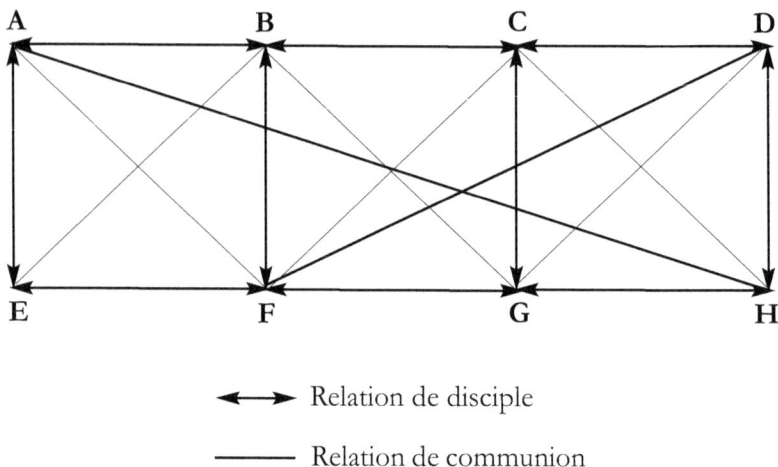

◄──► Relation de disciple

──── Relation de communion

Un avantage est très évident : parce que A ne porte pas le fardeau tout seul, il a le temps d'approfondir sa marche personnelle avec Dieu. Ceci lui permettra de communiquer la vie à la personne qu'il forme et à toute l'assemblée qu'il supervise. J'ai rencontré plusieurs pasteurs qui portaient tout sur leurs épaules et couraient d'un croyant à un autre donnant des soins inadéquats à chacun, n'ayant pas de temps pour s'attendre à Dieu ; et bientôt, ils étaient en train de « rendre ministère » à partir des puits qui avaient longtemps perdu leur fraîcheur. Ils avaient longtemps rétrogradé, mais étaient restés à la tête du peuple de Dieu, les écrasant et faisant rétrograder l'assemblée tout entière.

Ainsi, pendant que les disciples sont formés, chacun reçoit les soins et l'amour personnels. Chacun a ses problèmes résolus à temps. Chacun reçoit de l'encouragement personnel et quiconque veut faire des progrès rapides en est capable. Le problème de la solitude souvent ressentie par certains dans certaines assemblées où il n'y a personne pour leur manifester de l'amour et de l'attention, et où tout ce qu'ils reçoivent est une poignée de main du pasteur chaque dimanche, se trouve résolu. Chaque disciple est relié à quelqu'un d'une manière chaude, affectueuse et dynamique ; et puisque l'église est bâtie sur la relation au Seigneur et aux autres membres, une assemblée forte est établie.

Même après une campagne d'évangélisation au cours de laquelle plusieurs nouveaux membres sont ajoutés à l'assemblée en un laps de temps, le fardeau de bâtir les jeunes disciples dans l'église est porté par plusieurs personnes et non par une seule personne ou quelques personnes.

La question qui pourrait venir à l'esprit de quelqu'un est de savoir comment sera effectué l'enseignement de l'assemblée. Est-ce que chaque faiseur de disciples enseignera juste à son disciple tout ce qui lui plaît ? Certainement pas ! Dieu a établi des apôtres, des prophètes, des évangélistes, des pasteurs, et des enseignants dans l'Église. Le ministère sera basé sur le choix divin. Dans le fonctionnement d'une assemblée, si l'enseignant enseigne toute l'Assemblée, par exemple le mardi soir, sur le thème « la restitution », il y aura des jeunes disciples qui ne comprendront pas une partie du message. Le mercredi soir, chaque faiseur de disciples retrouvera son disciple pour discuter sur le message. Le disciple posera des questions qui l'aideront à voir clairement ce qu'il a compris et ce qu'il n'a pas compris. Il l'aidera alors et le corrigera. Ils prieront ensemble, du mercredi soir jusqu'au mardi après-midi, ils mettront le message en pratique, effectuant la restitution là où c'est nécessaire. De cette manière, la Parole sera enseignée et vécue. La croissance résultant d'un tel processus sera grandiose. Une chose recommandable est que l'enseignant forme aussi un jeune disciple. Pendant qu'il le rencontre pour parler du message le mercredi soir, il sera capable de comprendre certaines de ses fautes dans la communication de l'Évangile et apprendra ainsi à s'améliorer.

Ainsi l'assemblée locale, étant constituée de disciples, continuera à faire des disciples. Les disciples atteindront la maturité et apprendront à faire d'autres disciples. Si quelqu'un rétrograde, l'assemblée le saura immédiatement aussi bien que le disciple ou le faiseur de disciples. C'est facile de se cacher dans une foule lorsque la communion avec le Seigneur est brisée, mais lorsque tu rencontres un autre croyant et que vous devez prier ensemble, chanter ensemble, évangéliser ensemble, étudier la Bible ensemble, partager ce que le Seigneur est en train de faire dans vos vies ensemble, celui qui a cessé de marcher avec le Seigneur trouvera difficile de prétendre pendant longtemps.

Pour que la formation de disciples ne cause pas la confusion dans l'assemblée locale, le faiseur de disciples doit être engagé vis-à-vis de l'assemblée. Il faut qu'il s'assure qu'il enseigne à celui qu'il forme, que tous deux ne sont qu'une partie de l'assemblée locale et que le Seigneur s'intéresse à la croissance et à la prospérité de tous les croyants dans l'assemblée. Ils doivent alors placer les intérêts de l'assemblée au-dessus de leurs intérêts personnels. C'est là une nécessité.

CHAPITRE 10

LES FEMMES EN TANT QUE DISCIPLES ET FAISEUR DE DISCIPLES

Le Seigneur Jésus dit : « *Allez, faites de toutes les nations des disciples, les baptisant au nom du Père, du Fils, et du Saint-Esprit, et enseignez-leur à observer tout ce que je vous ai prescrit. Et voici, je suis avec vous tous les jours, jusqu'à la fin du monde* » (Matthieu 28: 19-20). Il dit encore : « *Ainsi il est écrit que le Christ souffrirait, et qu'Il ressusciterait des morts le troisième jour, et que la repentance et le pardon des péchés seraient prêchés en son nom à toutes les nations, à commencer par Jérusalem. Vous êtes témoins de ces choses. Et voici, j'enverrai sur vous ce que mon Père a promis ; mais vous, restez dans la ville jusqu'à ce que vous soyez revêtus de la puissance d'en haut* » (Luc 24:46-49). Ceux qui se trouvaient dans la chambre haute et qui furent revêtus de la puissance pour être des témoins incluaient les disciples, « *...les femmes, et Marie, mère de Jésus, et avec les frères de Jésus* » (Actes 1:14). Quand le Saint-Esprit descendit, tous ceux-ci, les hommes et les femmes « *furent tous remplis du Saint-Esprit, et se mirent à parler en d'autres langues, selon que l'Esprit leur donnait de s'exprimer* » (Actes 2:4).

La Bible dans laquelle on lirait : « Allez, faites de tous les hommes dans toutes les nations des disciples, baptisant les hommes au nom du Père, du Fils et du Saint-Esprit et enseignez aux hommes à observer tout ce que je vous ai prescrit. Et voici, je suis avec vous, les hommes, tous les jours jusqu'à la fin du monde », serait la bible du diable et non celle du Seigneur. Mais pourtant, c'est ce que les traditions des hommes nous ont présenté.

À partir du commandement du Seigneur, il est évident qu'Il voulait que de toutes les nations, les disciples (hommes et femmes, garçons et filles) soient faits. Il voulait que ces disciples (hommes et femmes) soient baptisés au nom du Père, du

Fils et du Saint-Esprit. Il S'attendait aussi à ce que ces disciples (des deux sexes) apprennent à observer tout ce qu'Il avait prescrit, ce qui signifiait que les hommes et les femmes qui avaient été faits disciples et qui avaient été baptisés, devaient être enseignés à faire d'autres disciples à les baptiser, et à enseigner à ces derniers disciples (hommes et femmes) à aller et à former des disciples hommes et femmes, etc.

Ainsi, les femmes doivent aussi être faites disciples. Les femmes doivent être baptisées. On doit leur enseigner à aller faire des disciples et à les baptiser et leur enseigner à faire d'autres disciples, à les baptiser et leur enseigner à faire de même.

Le commandement d'être fait disciple et de former des disciples s'adresse aussi aux femmes. Si tu es une fille ou une femme en train de lire ceci, tu dois savoir que le Seigneur t'a ordonné tout d'abord d'être un disciple. Deuxièmement Il veut que tu sois baptisée. Troisièmement, Il voudrait que tu apprennes tout ce qu'Il a prescrit à la fois théoriquement et par expérience. Quatrièmement, Il voudrait que tu ailles faire des disciples. Cinquièmement, Il voudrait que tu baptises ces disciples. Sixièmement, Il voudrait que toi, sœur, tu enseignes à ces disciples, qu'ils soient hommes ou femmes, à faire de même.

Il n'y a pas un seul verset dans toute la Bible qui dit que les femmes ne doivent pas faire des disciples. Si elles ne doivent pas faire des disciples, alors elles ne doivent pas devenir disciples parce qu'un disciple doit œuvrer pour grandir et ensuite faire d'autres disciples. Il n'y a pas de verset dans la Bible qui dit qu'une femme ne doit pas baptiser. Si une femme ne doit pas baptiser, alors elle ne doit pas être baptisée. Ceux qui sont faits disciples, baptisés, et enseignés, reçoivent ces ministères tout en comprenant qu'ils les feront continuer.

Il n'y a rien dans le baptême d'un disciple qui devrait en faire une affaire d'hommes. Le Seigneur n'a pas enseigné cela. Il a enseigné plutôt le contraire. Chacun doit décider s'il obéira à la Parole de Dieu ou aux traditions des hommes qui n'ont aucune base biblique.

La Bible parle des douze comme ayant accompagné le Seigneur à partir du baptême de Jean jusqu'à l'ascension. Ils avaient suivi Jésus pendant tout ce temps. Nous remarquons également que la Bible parle des femmes qui L'avaient suivi. « *Ensuite, Jésus allait de ville en ville et de village en village, prêchant et annonçant la bonne nouvelle du royaume de Dieu. Les douze étaient avec lui, et quelques femmes qui avaient été guéries d'esprits malins et de maladies : Marie, dite de Magdala, de laquelle étaient sortis sept démons, Jeanne, femme de Chuza, intendant d'Hérode, Suzanne, et plusieurs autres, qui l'assistaient de leurs biens* » (Luc 8:1-3). Ces femmes et d'autres qui ne sont pas nommées L'avaient suivi et avaient appris de Lui.

Les femmes doivent être faites disciples. Elles doivent être baptisées. On doit leur enseigner tout ce que le Seigneur a prescrit. Elles iront ensuite faire des disciples, les baptiseront et les enseigneront.

La formation des disciples est pour tous les disciples. Ce n'est pas quelque chose de spécifique au sexe masculin. Les femmes doivent aussi obéir. Elles sont responsables devant le Seigneur pour ce qu'Il dit dans Sa Parole. Elles seront jugées selon ce que dit la Parole et non pas selon les traditions alentour.

Il n'y a rien dans la Bible qui interdit à une femme de conduire une femme au Seigneur, de la baptiser et de lui enseigner. La Bible au contraire commande cela. Il n'y a rien dans la Bible qui interdit à une femme de conduire un homme au Seigneur, de le baptiser et de lui enseigner à faire des disciples, de les baptiser et de leur enseigner à faire de même. Certains citeront l'apôtre Paul qui interdit aux femmes d'enseigner ou d'usurper l'autorité de l'homme. Nous ne voulons pas argumenter. Nous disons simplement que c'est dans le contexte d'une assemblée réunie ensemble. Dans les maisons privées, ceci ne s'applique pas. La Bible dit de Apollos : « *Il se mit librement à parler dans la synagogue. Priscille et Aquillas, l'ayant entendu, le prirent avec eux, et lui exposèrent plus exactement la voie de Dieu* » (Actes 18:26, Version Colombe). Le mari et la femme l'enseignèrent ; mais le fait que Priscille soit mentionnée en premier lieu contrairement à la tradition normale qui souvent ne mentionnait même pas les femmes, indique probablement qu'elle était la meilleure des deux dans l'explication des Écritures à Apollos. Quel que fut le cas, elle faisait au moins partie de l'équipe des deux qui enseignèrent Apollos.

Finalement, nous ne parlons pas de formation de disciples en termes de masses. Il s'agit d'une personne se donnant à une autre pour l'aider à mûrir dans le Seigneur et, plus tard, à aider pareillement les autres. Dans ce contexte, les femmes, aussi bien que les hommes, ont pleinement le droit d'enseigner la Parole et de l'appliquer.

Nous recommandons que normalement, les gens forment ceux de leur sexe, Si un homme conduit une femme au Seigneur, il doit, dans la prière, chercher à recevoir du Seigneur une femme ou une fille mûre dans l'assemblée qui peut l'aider à former le jeune disciple. Ceci aidera à éviter une quelconque complication émotionnelle qui pourrait se développer. Ceci écartera aussi une quelconque tentation qui pourrait survenir. Nul d'entre nous n'est trop fort pour être tenté. Les tentations dans le domaine sexuel sont très fortes. Nous faisons cette recommandation par amour et par sagesse pratique et non pas comme une loi. Pour les purs, tout est pur. Malheureusement, tous ne sont pas purs comme ils devraient l'être. S'il faut qu'une personne forme quelqu'un du sexe opposé, elle doit rechercher le conseil du dirigeant de son assemblée et ne le faire qu'avec sa totale permission. Même ainsi, elle doit traiter la personne comme une sœur ou un frère « en toute pureté » (1 Timothée 5:2).

EN CONCLUSION

Le Seigneur Jésus a formé des disciples. Va, et fais de même. Le Seigneur a ordonné que des disciples soient formés, qui à leur tour formeront d'autres disciples.

Va, et obéis-Lui.

TRÈS IMPORTANT

Si tu n'as pas encore reçu Jésus comme ton Seigneur et Sauveur, je t'encourage à Le recevoir. Pour t'aider, tu trouveras ci-dessous quelques étapes à suivre :

ADMETS que tu es un pécheur de nature et par habitude, et que par ton effort personnel, tu n'as aucun espoir d'être sauvé. Dis à Dieu que tu as personnellement péché contre Lui en pensées, en paroles et en actes. Dans une prière sincère, confesse-Lui tes péchés l'un après l'autre. N'omets aucun péché dont tu te souviennes. Détourne-toi sincèrement de tes péchés et abandonne-les. Si tu volais, ne vole plus, si tu commettais l'adultère ou la fornication, ne le fais plus. Dieu ne te pardonnera pas si tu n'as pas le désir de renoncer radicalement au péché dans tous les aspects de ta vie ; mais si tu es sincère, Il te donnera la force de renoncer au péché.

CROIS que Jésus-Christ qui est le Fils de Dieu, est l'unique Chemin, l'unique Vérité, et l'unique Vie. Jésus a dit : *« Je suis le chemin, la vérité et la vie. Nul ne vient au Père que par moi »* (Jean 14:6). La Bible dit : *« Car il y a un seul Dieu, et aussi un seul médiateur entre Dieu et les hommes, Jésus-Christ homme, qui s'est donné lui-même en rançon pour tous »* (1 Timothée 2:5-6). *« Il n'y a sous le ciel aucun autre nom qui ait été donné parmi les hommes, par lequel nous devions êtres sauvés »* (Actes 4:12). *« À tous ceux qui l'ont reçu, à ceux qui croient en son nom, elle a donné le pouvoir de devenir enfants de Dieu »* (Jean 1:12). Mais,

CONSIDÈRE le prix à payer pour Le suivre. Jésus a dit que tous ceux qui veulent Le suivre doivent renoncer à eux-mêmes. Cette renonciation implique la renonciation aux intérêts égoïstes, qu'ils soient financiers, sociaux ou autres. Il veut aussi que Ses disciples prennent leur croix et Le suivent. Es-tu prêt à abandonner chaque jour tes intérêts personnels pour ceux de Christ? Es-tu prêt à te laisser conduire dans une nouvelle direction par Lui? Es-tu disposé à souffrir et même à mourir pour Lui si c'était nécessaire? Jésus n'aura rien à faire avec des gens qui s'engagent à moitié. Il exige un engagement total. Il ne pardonne qu'à ceux qui sont prêts à Le suivre à n'importe quel prix et c'est eux qu'Il reçoit. Réfléchis-y et considère ce que cela te coûte de Le suivre. Si tu es décidé à Le suivre à tout prix, alors il y a quelque chose que tu dois faire:

INVITE Jésus à entrer dans ton cœur et dans ta vie. Il dit: *« Voici, je me tiens à la porte et je frappe ; si quelqu'un entend ma voix et ouvre la porte (de son cœur et de sa vie), j'entrerai chez lui, je souperai avec lui, et lui avec moi »* (Apocalypse 3:20). Ne voudrais-tu pas faire une prière comme la suivante ou une prière personnelle selon l'inspiration du Saint-Esprit?

« Seigneur Jésus, je suis un pécheur misérable et perdu, j'ai péché en pensées, en paroles et en actes. Pardonne-moi tous mes péchés et purifie-moi. Reçois-moi, ô Sauveur, et fais de moi un enfant de Dieu. Viens dans mon cœur maintenant même et donne-moi la vie éternelle à l'instant même. Je te suivrai à n'importe quel prix, comptant sur Ton Saint-Esprit pour me donner toute la force dont j'ai besoin. »

Si tu as fait cette prière sincèrement, Jésus t'a exaucé, t'a justifié devant Dieu et a fait de toi à l'instant même, un enfant de Dieu.

S'il te plaît écris-nous afin que nous priions pour toi et que nous t'aidions dans ta nouvelle marche avec Jésus-Christ.

* * *

Si tu as reçu le Seigneur Jésus-Christ après avoir lu ce livre, écris-nous à l'une des adresses suivantes :

Pour l'Europe :
Éditions du Livre Chrétien
4, Rue du Révérend Père Cloarec
92400 Courbevoie
Courriel : editionlivrechretien@gmail.com

Pour l'Afrique :
Christian Publishing House
B.P. 7100 Yaoundé
Cameroun
Courriel : cphyaounde@yahoo.fr

BIOGRAPHIE DE L'AUTEUR

L e professeur Fomum est né le 20 juin 1945 au Cameroun. Il est né du Saint Esprit le 13 Juin 1956. Il a été enlevé au ciel le 14 Mars 2009 au Cameroun. Il était détenteur du Doctorat d'Etat Ph.D en Chimie Organique de l'Université de Makerere à Kampala en Ouganda, ainsi que du D.Sc «Docteur of Science» décerné le 1er juillet 2005, par l'Université de Durham en Grande Bretagne, Pour ses travaux de recherche scientifique de haute distinction. Au cours de sa carrière de Professeur de Chimie Organique à l'Université de Yaoundé I, au Cameroun, il avait supervisé ou co-supervisé plus de 100 mémoires de Maîtrise et de Thèses de Doctorat.

Il est co-auteur de plus de 155 publications parues dans des Journaux Scientifiques de renommée internationale. Il avait lu plus de 1300 livres sur la foi chrétienne, et en avait lui-même écrit plus de 150 pour promouvoir l'Evangile de Christ. En 2007, 4 millions d'exemplaires de ses livres étaient en circulation dans onze langues, et 16 millions d'exemplaires de traités évangéliques dont il est l'auteur dans 17 langues.

Le professeur Fomum avait effectué plus 700 voyages missionnaires à l'intérieur du Cameroun, et plus de 500 voyages missionnaires dans 70 nations dans les six continents. Il dirigeait un mouvement d'implantation d'églises et d'envoi de missionnaires. Lui et son équipe avaient vu plus de 10 000 miracles de guérisons instantanées

opérées par le Seigneur en réponse à la prière au nom de Jésus Christ ; notamment, la guérison des maux de tête, des cancers, des personnes séropositives, des aveugles, des sourds, des muets, des boiteux, etc.

Son épouse Prisca et lui ont eu sept enfants, tous engagés avec eux dans l'œuvre de l'évangile. Prisca Zéi Fomum est ministre national et international aux enfants. Le professeur Fomum doit tout ce qu'il fut, tout ce que le Seigneur fit en lui et à travers lui aux faveurs et aux bénédictions imméritées de Dieu, ainsi qu'à son armée mondiale d'amis et de co-ouvriers, sans lesquelles il n'aurait fait aucun progrès.

A Jésus Christ soit toute la gloire.

Autres titres du même auteur

LE CHEMIN DU CHRÉTIEN

- Le Chemin de la Vie
- Le Chemin de l'Obéissance
- Le Chemin d'être Disciple
- Le Chemin de la Sanctification
- Le Chemin du Caractère Chrétien
- Le Chemin du Combat Spirituel
- Le Chemin de la Souffrance pour Christ
- Le Chemin de la Prière Victorieuse
- Le Chemin des Vainqueurs
- Le Chemin de l'Encouragement Spirituel
- Le Chemin de l'Amour pour le Seigneur

AIDE PRATIQUE POUR LES VAINQUEURS

- Disciple Coûte que Coûte
- L'Utilisation du Temps
- Retraites pour le Progrès Spirituel
- Réveil Spirituel Personnel
- Rencontres Dynamiques Quotidiennes avec Dieu
- L'École de la Vérité
- Comment Réussir dans la Vie Chrétienne

- Le Chrétien et l'Argent
- La Délivrance du Péché de la Paresse
- L'Art de travailler dur
- Connaître Dieu : Le Plus Grand besoin de l'heure
- La Révélation : Une Nécessité
- La Vraie Repentance
- Tu Ô Recevoir un Cœur Pur Aujourd'hui
- Tu Peux Conduire Quelqu'un à Christ aujourd'hui
- Tu Peux Recevoir le Baptême dans Le Saint-Esprit
- La Dignité du Travail Manuel
- Tu as un Talent
- Faire des Disciples
- Le Secret d'une Vie Spirituelle Fructueuse
- Es-tu Encore un Disciple du Seigneur Jésus ?
- Le Vainqueur en tant que Serviteur de l'Homme

AUTRES

- Délivrance de l'Emprise des Démons
- Le Berger et le Troupeau
- Faire Face Victorieusement aux problèmes de la vie
- Aucun Échec n'a Besoin d'Être Final
- La Guérison intérieure
- La Prophétie du Renversement du prince satanique du Cameroun
- La Puissance pour Opérer les Miracles

LA PRIÈRE
- Le Chemin de la Prière Victorieuse
- Le Ministère du Jeûne
- L'Art de l'intercession
- Prier Avec puissance
- Mouvoir Dieu par la Prière
- Le Ministère de la louange et des actions de grâce
- Les Femmes de la Gloire Vol. 1
- Le ministère de la supplication
- Combat spirituel pratique par la prière
- la Pratique de l'intercession
- la Centralité de la prière
- Pensées révolutionnaire sur la prière vol 1
- Pensées révolutionnaire sur la prière vol 2

DIEU, LE SEXE ET TOI
- Jouir de la vie Sexuelle
- Jouir du choix de ton Conjoint
- Jouir de la Vie Conjugale
- Divorce et Remariage
- Un Mariage Réussi : Le Chef-d'Œuvre du mari
- Un Mariage Réussi : Le Chef-d'Œuvre de la femme

ÉVANGÉLISATION
- L'Amour et le Pardon de Dieu
- Le Chemin de la Vie
- Reviens à la Maison mon Fils. Je t'Aime...

AIDE PRATIQUE DANS LA SANCTIFICATION

FAIRE DU PROGRÈS SPIRITUEL

HORS-SÉRIE

www.ingramcontent.com/pod-product-compliance
Lightning Source LLC
LaVergne TN
LVHW051625080426
835511LV00016B/2175